बेहतर करियर का चयन

सफल करियर के चुनाव हेतु अनूठी पुस्तक

अनीता गौड़

प्रकाशक

वी एण्ड एस पब्लिशर्स

F-2/16, अंसारी रोड, दरियागंज, नयी दिल्ली-110002
☎ 23240026, 23240027 • *फैक्स:* 011-23240028
E-mail: info@vspublishers.com • *Website:* www.vspublishers.com

शाखाः हैदराबाद

5-1-707/1, ब्रिज भवन (सेन्ट्रल बैंक ऑफ इण्डिया लेन के पास)
बैंक स्ट्रीट, कोटी, हैदराबाद-500 095
☎ 040-24737290
E-mail: vspublishershyd@gmail.com

शाखा : मुम्बई

जयवंत इंडस्ट्रिअल इस्टेट, 2nd फ्लोर - 222,
तारदेव रोड अपोजिट सोबो सेन्ट्रल मॉल, मुम्बई - 400 034
☎ 022-23510736
E-mail: vspublishersmum@gmail.com

फ़ॉलो करें:  

हमारी सभी पुस्तकें **www.vspublishers.com** पर उपलब्ध हैं

संस्करण: 2017

मुद्रक: रेप्रो नॉलेजकास्ट लिमीटेड, ठाणे

प्रकाशकीय

'वी एण्ड एस पब्लिशर्स' पिछले अनेक वर्षों से आत्मविकास एवं शैक्षणिक पुस्तकें प्रकाशित करते आ रहे हैं। पुस्तक प्रकाशन की अगली कड़ी में हमने 'बेहतर करियर का चयन' पुस्तक प्रकाशित किया है।

प्रस्तुत पुस्तक में बेहतर करियर के चयन हेतु आवश्यक योग्यता के बारे में विस्तारपूर्वक चर्चा की गई है। अच्छे करियर के लिए केवल अच्छे अंकों से डिग्री लेना ही प्रर्याप्त नहीं है। इसके लिए आपको अपनी रुचि या क्षमता का आकलन अवश्य करना चाहिए। कोई भी युवा अपना शत-प्रतिशत देने में तभी सफल होता है जब वह अपना सारा काम पूरे मनोयोग के साथ पूरा कर सके। पुस्तक की भाषाशैली सरल, सहज तथा प्रवाहमय है।

हमें विश्वास है कि यह पुस्तक करियर का चुनाव करने में युवा प्रतिभागियों का अवश्य मार्गदर्शन करेगी।

भूमिका

किसी भी नौकरी के लिए उसकी चयन प्रणाली का एक महत्त्वपूर्ण अंग साक्षात्कार या इंटरव्यू है। इसके द्वारा किसी प्रत्याशी की योग्यता का आकलन करने के लिये साक्षात्कार कर्ताओं द्वारा उससे बातचीत की जाती है। इसमें एक या कई व्यक्ति किसी प्रत्याशी से प्रश्न पूछते हैं और वह प्रत्याशी इन प्रश्नों के जवाब देता है। यह बातचीत प्राय: प्रश्नोत्तरी के रूप में होती है। साक्षात्कार में प्रत्याशी की योग्यता को परखने के लिये प्राय: वर्तमान घटनाक्रम और सामान्य ज्ञान आदि के बारे में प्रश्न पूछे जाते हैं।

अधिकांश युवा कुशाग्र बुद्धि के होते हुए भी साक्षात्कार में उत्कृष्ट प्रदर्शन नहीं कर पाते। साक्षात्कार में हमेशा सर्वश्रेष्ठ प्रदर्शन करने वाले अभ्यर्थी का ही चयन होता है।

पर व्यावहारिक जगत में ऐसा नहीं होता। सच्चाई तो यह है कि चयन उसका नहीं होता जो उस पद के लिए सर्वश्रेष्ठ उम्मीदवार था, बल्कि उसका होता है जो साक्षात्कार में सर्वश्रेष्ठ प्रदर्शन करके अपना लक्ष्य प्राप्त करता है। बेशक हर आदमी मंजिल की तलाश में संघर्षरत है। हर आदमी की चाहत सफलता के ऊँचे मुकाम पर पहुँचने की होती है, लेकिन कड़ी मेहनत, सच्ची लगन, धैर्य और आत्मविश्वास के बिना जीवन में किसी को भी कामयाबी मिलना मुश्किल है। साक्षात्कार में सर्वश्रेष्ठ प्रदर्शन करने के लिए कड़ी मेहनत की आवश्यकता होती है।

साक्षात्कार के दौरान क्या कहना है, अभ्यर्थियों के लिए इसकी तैयारी करना महत्त्वपूर्ण है, लेकिन कैसे कहना है, ये उससे भी ज्यादा महत्त्वपूर्ण है। किसी भी संस्थान में दाखिल होने के लिए आपको नियुक्ति पत्र इंटरव्यू की सफलता के बाद ही मिलता है। वास्तव में देखें तो इस सफलता को पाने का रास्ता बहुत कठिन नहीं है।

यह पुस्तक युवा साथियों के सामने आने वाली ऐसी ही कई समस्याओं का समाधान करती है। खुद को जानने, समझने और दूसरों के ध्यानाकर्षण के लिए यह पुस्तक मददगार साबित होगी। इस पुस्तक में इंटरव्यू में सफल होने के कई तरीकों की जानकारी दी गयी है। जिसे पढ़कर आप स्वयं में परिवर्तन महसूस करेंगे। किसी भी सुझाव के लिए आप मुझसे संपर्क भी कर सकते हैं।

विषय सूची

परिचय

आज के प्रतिस्पर्धी युग में अपने लिए बेहतर करियर का चुनाव करना सबसे महत्त्वपूर्ण कार्य है। अकसर विद्यार्थी वैसे करियर का चुनाव करना पसंद करता है जिसमें कम प्रस्पिर्धा हो। लेकिन उसे अपनी योग्यता के अनुसार ही करियर की तलाश करनी चाहिए। अन्य देशों के मुकाबले भारत में अधिकतर युवाओं को कम उम्र में करियर का चुनाव करना पड़ता है। परिपक्व न होने तथा करियर में सभी क्षेत्रों की जानकारी नहीं होने के कारण आगे चलकर भटकाव की स्थिति उत्पन्न हो जाती है। ऐसा इसलिए होता है कि छात्र-छात्राओं को अपनी रुचि और क्षमता के अनुसार विषयों का चुनाव दसवीं या बारहवीं कक्षा में ही करना पड़ जाता है। जबकि विदेशों में स्थिति भिन्न है। वहाँ के छात्र करियर का चुनाव 24-25 वर्ष के परिपक्व आयु में करते हैं। हमारे यहाँ के छात्र जब परिपक्व होते हैं तो उनकी रुचियों में बदलाव होने लगता है। ऐसे में छात्रों के सामने उहापोह की स्थिति उत्पन्न हो जाती है कि वह अपने लिए कौन-सा करियर चुनें। नये करियर के चुनाव में छात्रों को पुराने विषयों को छोड़कर फिर से नये विषयों की तैयारी करनी पड़ती है।

युवाओं के लिए जरूरी है कि वह जिस भी क्षेत्र में अपना करियर बनाना चाहते हैं वह उनकी शैक्षणिक उपलब्धि और तकनीकी कौशल के अनुरूप हो। आज कोई बैंकिंग के क्षेत्र में जाना पसंद करता है तो कोई सिविल सर्विस में जाकर प्रशासक की भूमिका निभाना चाहता है। इसके लिए सर्वप्रथम जरूरी है कि हमें स्कूली शिक्षा के दौरान ही बेहतर प्रदर्शन करना चाहिए ताकि आगे चलकर लक्ष्य प्राप्ति की दिशा में कोई परेशानी पेश नहीं आये।

उच्च महत्त्वाकांक्षी युवाओं के लिए उदारीकरण के इस युग में बहुराष्ट्रीय कम्पनियों तथा निजी कम्पनियों में नौकरियों की भरमार है। इन नौकरियों में मिलने

वाली मोटी तनख्वाह तथा सुख-सुविधाओं के बाद भी आज देश के ज्यादातर युवाओं में सरकारी नौकरियों के प्रति रूझान कम नहीं हुआ है। यह कतई जरूरी नहीं है कि प्रशासनिक सेवा, इंजीनियरिंग, मेडिकल या शैक्षणिक आदि सरकारी क्षेत्रों से जुड़कर ही देश की उन्नति में योगदान दिया जा सके। आपकी जिस क्षेत्र में भी रुचि हो, उस क्षेत्र में अपना सर्वश्रेष्ठ प्रदर्शन देकर आप अपने देश का नाम रोशन कर सकते हैं। नौकरी चाहे जिस भी क्षेत्र में हो, चाहे वह चिकित्सा के क्षेत्र में हो या प्रकाशन के क्षेत्र में, हर क्षेत्र की अपनी चुनौतियाँ तथा अपनी माँग है।

पुराने समय के विपरीत आज महत्त्वपूर्ण तथ्य यह है कि आज आप अपने कौशल में कितने निपुण है? बल्कि बहुराष्ट्रीय कम्पनियाँ यह देखना चाहती हैं कि आप पहनावे तथा बातचीत करने की कला में कितने निपुण हैं। आज नौकरी में चुनाव की प्रक्रिया भी कितनी भिन्न हो गयी है। किसी भी नौकरी की नियुक्ति में आपकी तुलना साक्षात्कार के लिए आये अन्य उम्मीदवारों से भी की जाती है। कार्यकुशलता में निपुण होने तथा व्यक्तित्व के निखार को भी ज्यादा तरजीह दी जाती है।

आज के प्रतिस्पर्धी दौर में हर कोई करियर की ऊँचाइयों को छू लेना चाहता है। इसके लिए जरूरी है मन में दृढ़ विश्वास और कड़ी मेहनत करने की इच्छा शक्ति। इसके अभाव में कई युवा करियर के बीच डगर में हार मानकर लक्ष्य से विचलित हो जाते हैं। लिहाजा बेहतर करियर बनाने के लिए युवाओं को चाहिए कि कड़ी मेहनत से जी न चुरायें लक्ष्य प्राप्ति की दिशा में तब तक प्रयत्नशील रहें जब तक मंजिल की प्राप्ति न हो जाये।

इंटरव्यू का सामना करते हुए हमें कभी घबराना नहीं चाहिए। दरअसल में हम अपने जीवन में अनजाने ही कई तरह के इंटरव्यू का सामना करते हैं। जैसे स्कूल कॉलेज में नामांकन के दौरान या सफर के दौरान मिलने वाले लोगों से बातचीत के क्रम में एक-दूसरे का नाम और पता के बारे में पूछते हैं। लेकिन जब कभी हम किसी नौकरी या संस्थान में प्रवेश लेने के लिए साक्षात्कार की बात करते हैं तो इसके लिए गम्भीरतापूर्वक तैयारी करने की जरूरत होती है। इन बातों को ध्यान में रखकर नौकरी की तलाश कर रहे युवाओं के लिए हम 'समूह-चर्चा एवं साक्षात्कार' पुस्तक लेकर आ रहे हैं।

बेहतर करियर का चयन

अध्याय-1

बेहतर करियर का चयन जरूरी

आज के बढ़ाये कदम से भविष्य बनता है। भविष्य की सफलता वर्तमान में बनाई योजना में निहित होती है। व्यक्ति अपने जीवन में सफलता प्राप्त करे, इसके लिए सर्वप्रथम जरूरी है कि वह सही करियर का चयन करे। प्रतिस्पर्धा के वर्तमान दौर में यदि सही करियर का चयन नहीं किया गया तो संभव है कि आगे चलकर अपेक्षित सफलता प्राप्त नहीं हो। सही करियर का चयन करने के लिए यह आवश्यक है कि पहले आप अपनी रुचि और क्षमता के बारे में अच्छी तरह से जान लें। वर्तमान में आपकी रुचि और क्षमता आपके करियर को निर्धारित करने में सहायता करता है, क्योंकि क्षमता और रुचि के अनुसार करियर को अपनाने वाले अकसर ऊँचाइयों को छू लेते हैं। अपना शतप्रतिशत देने में व्यक्ति तभी सक्षम होता है जब वह अपना काम मनोयोग से पूरा करें।

अच्छे करियर के लिए अच्छे अंकों के साथ केवल डिग्री लेना ही पर्याप्त नहीं है। जिस क्षेत्र में आपकी रुचि हो और जिस कार्य को करने की आप में क्षमता हो, उसी क्षेत्र का चयन करियर के लिए करें। कई बार विद्यार्थी अपने साथियों या अभिभावकों के कहने पर किसी एक क्षेत्र को चुन लेते हैं। उनके चयन का आधार उस समय का चलन भी होता है।

लेकिन यदि आप उस क्षेत्र के लिए उपयुक्त नहीं हैं तो हो सकता है, आपको संघर्ष के बाद भी आपेक्षित सफलता नहीं मिले, क्योंकि प्रत्येक व्यक्ति में किसी क्षेत्र में कार्य करने की स्वाभाविक विशेषता होती है। अपनी इस विशेषता को पहचान कर ही करियर का चयन करें।

1. लक्ष्य सर्वोपरि

सभी लक्ष्य पहले अपने दिमाग में तैयार किए जाते हैं। करियर में एक दृष्टिकोण अपनाने के बाद आप पायेंगे कि लक्ष्य प्राप्ति और आत्मसंतुष्टि दोनों आपके पास स्वतः चले आते हैं।

जीवन की सभी यात्राएँ एक ही वाक्य से शुरू होती हैं– 'मैं चाहता हूँ'। अपने जीवन की यादों के बारे में सोचें कि आपने कितनी बार कहा है 'मैं चाहता हूँ।' संभवतः कभी आपने कॉलेज में पढ़ना चाहा होगा और फिर किसी कॉलेज में दाखिला लिया था। शायद आपने कभी चाहा होगा कि आप किसी कंपनी के लिए काम करें और आज आप वहीं काम कर रहे हैं। दरअसल, 'मैं चाहता हूँ' एक शक्तिसंपन्न वाक्य है। बिना इसकी इच्छा संजोए आगे बढ़ना बहुत कठिन है।

आपके करियर के साथ भी कुछ ऐसा ही है। अपने आकांक्षी नतीजे के बारे में दृष्टिकोण नहीं अपनाने से लक्ष्य पूरा नहीं होता। लक्ष्य तब पूरा होता है, जब आपको अच्छी यह तरह पता हो कि आपको क्या चाहिए और उस दिशा में पूरे मनोयोग से कार्य करें। अंत को नजर में रखे बिना दिशाहीन भटकना पड़ता है और जब तक आप दिशाहीन भटकेंगे, आपका समय व्यर्थ जायेगा। आपकी हालत शाख से टूटे एक पत्ते की तरह होगी, जिसे हवा अपनी मर्जी से जिधर चाहे उड़ा ले जायेगी।

क्या होता है दृष्टिकोण?

इसकी एक परिभाषा तो यह है कि आप खुद को भविष्य में कहाँ देखना चाहते हैं। यह भावी तस्वीर एक दिन, सप्ताह, महीना, वर्ष या भविष्य में कभी की भी हो सकती है। लक्ष्य के प्रति यही दृष्टि आपको आगे बढ़ने के लिए प्रेरित करती है। दृष्टिकोण एक ऐसी तस्वीर होती है, जिसके आधार पर आप अपने करियर और जीवन की रूपरेखा तय करते हैं।

लक्ष्य प्राप्ति की संतुष्टि आपको कठिन समय में आत्मविश्वास देगी। आपकी सफलता की यह तस्वीर आपको एक शक्ति और रोमांच से भर देती है। दरअसल, एक सही दृष्टिकोण आपके जीवन का अर्थ प्रदान करता है।

कैसे तैयार करें दृष्टिकोण?

अपनी आँखें बंद करें और कल्पनाशील मन को विचरण करने के लिए खुला छोड़ दें। निर्धारित करें कि आपको असल में क्या चाहिए और आपके लिए क्या जरूरी है? खुद से प्रश्न करें और उनके उत्तर स्वयं अपने पास आने दें।

खुद से पूछें ये प्रश्न–

- यदि संभव हो तो मेरे करियर में क्या परिवर्तन होना चाहिए?
- किस तरह का काम मेरे लिए आदर्श है?
- मेरे लिए क्या जिम्मेदारियाँ ठीक होंगी?

- किस तरह की कंपनी में मुझे काम करना चाहिए?
- किस शहर में मुझे रहना चाहिए?
- मुझे कितना पैसा कमाना चाहिए?
- मैं तनाव, कार्यभार और कार्यनिर्धारण की अंतिम तिथि को कैसे संभालूँगा?

इन प्रश्नों पर विचार करने के बाद उनके उत्तर कागज पर लिखें। इन प्रश्नों के सही या गलत उत्तर आपको एक ही बार में नहीं मिलेंगे। मतलब, जो उत्तर आप चाहेंगे, हो सकता है उन्हें कोई अन्य आपके लिए ठीक न समझे लेकिन आपके भीतर की आवाज आपके लिए हमेशा ठीक रहेगी।

एक बार अपना दृष्टिकोण निर्धारित करने के बाद अब समय है उसे हकीकत में बदलने का।

अब अगर आप अपने लक्ष्य के बारे में जान गये हैं तो आपको अपने करियर को योजनाबद्ध करने के बारे में सोचना चाहिए। ऐसे लक्ष्य तय कीजिए और उनकी सूची बनाइए जो आप अगले पांच साल में करना चाहते हैं। इसके बाद दीर्घावधि लक्ष्य भी तय करें जो आप अगले दस सालों में पूरा करना चाहते हैं। फिर यह देखें कि इन लक्ष्यों को हासिल करने के लिए आपने अब तक क्या किया और क्या किया जाना बाकी है।

2. *प्रत्येक क्षण का उपयोग कीजिए*

अकसर युवाओं से यह बात कही जाती है कि वे समय का सदुपयोग करना नहीं जानते और फालतू बातों में अपना कीमती समय जाया करते रहते हैं। युवावस्था में व्यक्ति को कितना भी समझाया जाये, वह या तो झट से समझ जायेगा या फिर बिलकुल भी नहीं समझेगा। समय का सदुपयोग करना जरूरी है, क्योंकि समय गुजर जाने के बाद लाख प्रयत्न करने से भी वह क्षण वापस लौटकर नहीं आएगा, इस बात की जानकारी सभी को है। इसके बावजूद युवाओं को बार-बार इस बात की सलाह दी जाती है कि समय को बर्बाद मत करो। समय के साथ चलने में असल जिंदगी का मजा है पर क्या यह जरूरी है कि युवा चौबीस घंटे बस अपने करियर की तरफ ध्यान दें?

दरअसल समय न किसी के लिए रुका है और न ही वह किसी के लिए रुकेगा। उसकी तो अपनी गति है और इस गति में चलने का उसका शाश्वत नियम है और इसमें वह कभी कोताही नहीं बरतता है। उसे क्या करना है। वहीं युवाओं की बात करें, तो वे बंधन में नहीं बँधना चाहते और दूसरी ओर समय बंधन में बँधा हुआ है। उसके पास हर सेकंड और मिनट का हिसाब-किताब है। युवाओं को नियमों में बँधना अच्छा नहीं लगता, वे तो अपनी मर्जी के मालिक बनकर जीना चाहते हैं। फिर बात पढ़ाई की हो या फिर मौजमस्ती की क्यों न हो, वे अपनी इच्छानुसार कुछ खास करना चाहते हैं।

समय का प्रबंधन जरूरी है यदि युवाओं में समय प्रबंधन की कला आ जाये और उसके अनुसार वे स्वयं को मेहनत करने के लिए प्रेरित करें, तब वे खुद इसका सुखद परिणाम सामने देखेंगें।

कैसे करें समय प्रबंधनः हम अपने काम करने की क्षमता को और बढ़ा सकते हैं, बशर्ते हम अपने समय का ठीक तरह ख्याल रखें। इसे नष्ट न करें। इसके हिसाब से काम करने की योजना बनायें। समय प्रबंधन वह सबसे बड़ी कुंजी है, जो आपके भार को तो कम करती ही है, साथ ही साथ आपको औरों के मुकाबले सफलता के करीब लाती है। वहीं अगर आप समय बर्बाद करते हैं, तो तनाव बढ़ता है, तरह-तरह की समस्याएँ पैदा होती हैं और आपका ध्यान लक्ष्य से भटक जाता है। इसके साथ आपकी उत्पादकता में भी कमी आ जाती है। खुद को आँकें, खुद को आँकने के लिए सबसे पहले जरूरी है कि आप एक डायरी लिखना शुरू कर दें। डायरी में आप रोज अपना समय कैसे बिताते हैं, इस बात का उल्लेख करें और ध्यान रखें कि जो कुछ भी आप लिखें, उसमें पूरी ईमानदारी बरतें। खुद का आकलन करने का यह सबसे अच्छा तरीका है। इससे आपको पता चलेगा कि आपने अपना कितना समय गैरजरूरी कामों में दिया। जब आप अकेले बैठकर इन बातों पर गौर करेंगे तो दूसरे दिन खुद-ब-खुद अपने समय की कद्र करना शुरू कर देंगे।

समय का प्रबंधन जरूरी है : समय प्रबंधन बहुत ही व्यापक परिकल्पना है। इसमें किसी भी परीक्षा की तैयारी शुरु करने से लेकर, प्रश्नपत्र हल करने तक के अन्तर्गत आने वाले समय प्रबंधन कैसे किया जाये, सभी बिन्दु समाहित होते हैं। समय का सही इस्तेमाल कीजिए और मौके का फायदा उठाइए, तो आप विजेता बन सकते हैं। भिन्न-भिन्न कामों को करने के लिए लगाए गए समय और उनको करने के क्रम को सोच-विचार कर व्यवस्थित करना ही समय प्रबंधन कहलाता है। ठीक तरह समय प्रबंधन से आपकी दक्षता और उत्पादकता बढ़ जाती है और काम सही समय पर पूरे होते हैं। आपने अकसर लोगों को कहते सुना होगा कि वे करना तो बहुत चाहते हैं, लेकिन समय की कमी आड़े आ जाती है। बात ऐसी नहीं है। सभी को दिन भर में समय चौबीस घंटे का ही मिलता है। कोई इसका अधिकतम उपयोग करता है तो कोई नहीं। अगर जिंदगी में कदम से कदम मिला कर आगे बढ़ना है, तो आज की सबसे बड़ी जरूरत समय प्रबंधन ही है। प्रभावी रूप से समय प्रबंधन करने के लिए आपको लक्ष्य निर्धारित करने की जरूरत है। उचित लक्ष्य निर्धारित करने के बिना आप परस्पर विरोधी प्राथमिकताओं में फँसकर एक भ्रम पर अपना समय नष्ट कर देंगे। आपने बचपन में एक कहावत सुनी होगी कि समय अमूल्य होता है। समय के साथ आपका बचपन भले कहीं पीछे छूट गया, लेकिन इस कहावत का मतलब आज भी अपनी जगह अटल है।

चौबीस घंटों का बँटवारा कैसे : यदि आप जीवन में कुछ बेहतर पाना चाहते हैं, तो आपको अपने समय के उपयोग को लेकर अधिक सचेत व सावधान

रहना होगा। आपको यह भी ध्यान रखना होगा कि आप अपने समय को किस प्रकार व्यतीत करते हैं। आपको यह भी तय करना होगा कि आप ऐसे कौन-कौन से कार्य करें, जिनसे आपके जीवन में मूल्यों व आदर्शों की स्थापना हो। इसलिए अपने काम के दौरान उन छोटी-छोटी बातों का भी ध्यान रखना जरूरी है, जो हमारे लिए लाभकारी हो सकती हैं। आप अपना खाली समय कैसे और किन लोगों के साथ बिताते हैं, उनसे किन विषयों पर बातचीत करते हैं, साथ ही किस प्रकार के कार्यक्रमों और सामाजिक सम्मेलनों में जाते हैं। इन सभी बातों के लिए भी आपको काफी सतर्क रहने की जरूरत है। आपको उन चीजों की तलाश करनी होगी जो आपकी रचनात्मकता और योजना को अधिक प्रभावशाली बनाने में सहायक हो सकती है। साथ ही आपको गैरजरूरी कार्यों, बेकार के वाद-विवादों, अवरोधों और मन को विचलित करने वाली चीजों से भी खुद को दूर रखना होगा।

योजना बनाना जरूरी है : समय का समुचित उपयोग करने के लिए जरूरी है कि समय प्रबंधन की योजना सही तरीके से की जाये। रोज किए जाने वाले सारे कामों की सूची तैयार करें और उन कामों पर अपना फोकस बनाये रखें। यह काम रोज सुबह सबसे पहले करें।

अपनी प्राथमिकताओं को समझना जरूरी है। प्राथमिकताएँ और अन्य दूसरे कामों की सूची उनकी उपयोगिता के अनुसार बनायें।

आपने जिस काम को करने की समय सीमा पहले निर्धारित की है, उसे हर हाल में पहले करने की कोशिश करें। उसमें ज्यादा समय लग रहा है तो भले उसे छोड़ कर आगे बढ़ें, नहीं तो आपका पूरा शेड्यूल खराब हो जायेगा। एक काम में उलझे रहेंगे तो कोई भी काम पूरा नहीं हो पायेगा। इससे एक बार फिर आप तनाव में घिर जायेंगे।

ध्यान रखें

1. जो समय को बर्बाद करता है, समय उसको बर्बाद कर देता है। इसलिए समय का सही उपयोग कीजिए।
2. लोग कहते हैं कि समय से पहले और भाग्य से अधिक न किसी को मिला है और न किसी को मिलेगा, लेकिन आप समय के साथ चलकर तो देखिए।
3. कठिन काम थोड़ा समय लेता है, इसलिए खुद पर विश्वास कीजिए और योजना के साथ उसे पूरा करने की ठान लीजिए।
4. समय का सही इस्तेमाल कीजिए और मौके का फायदा उठाइए, फिर आप विजेता बन सकते हैं।
5. हर व्यक्ति के जीवन में सफलता पाने के लिए ईश्वर तीन अवसर देता है। पहला बचपन में, दूसरा जवानी में और तीसरा बुढ़ापे में।

लेकिन सफल वही होता है, जो किसी भी एक अवसर का समय रहते ही लाभ उठाता है।

३. योग्यताओं में करें वृद्धि

किसी भी क्षेत्र में शिखर तक पहुँचने की शुरुआत अपनी क्षमताओं के विकास से होती है और क्षमताओं के विकास का क्रम शुरू होता है उनकी पहचान से। कोई दूसरा आपकी प्रतिभा की पहचान कर यह बता तो सकता है कि आपमें यह क्षमता है और आप इसका विकास करें, लेकिन वह स्वाभाविक प्रक्रिया नहीं है। क्योंकि आपको उतनी अच्छी तरह कोई दूसरा व्यक्ति नहीं जानता जितना कि आप स्वयं। आप किसी के सामने अपने को उस तरह खोल कर नहीं रख सकते, जितने कि स्वयं के लिए खुले हुए हैं। आप अपनी खूबियाँ अच्छी तरह जानते हैं तो कमियाँ भी जानते हैं। अगर आप दोनों को ठीक तरह से समझ लें तो कमियों को पूरा करते हुए लक्ष्य तक पहुँचने का रास्ता भी स्वयं निकाल लेंगे। लेकिन यह तभी संभव है जब आप अपनी खूबियों और कमियों की पहचान स्वयं करें और दोनों के बीच सही संतुलन बना सकें। क्योंकि किसी लक्ष्य को हासिल करने में सबसे बड़ी ताकत आत्मप्रेरणा होती है, जो व्यक्तित्व के संतुलन से ही आती है।

आँकिए अपना मनोबल – मनोवैज्ञानिक 'माइकेल ली' के अनुसार इस प्रक्रिया की शुरुआत आप अपने मनोबल के आकलन से कर सकते हैं। इसका तरीका यह है कि आप अपने दिमाग की शक्तियों को पहचानें। अब सवाल यह है कि यह पहचान कैसे होगी? सच तो यह है कि अपनी ज्यादातर क्षमताओं की पहचान हर व्यक्ति को स्वयं ही होती है। कुछ बातें जो नहीं मालूम होती हैं, उन्हें आदमी समय आने पर जान जाता है। हालाँकि ऐसी स्थिति में कई बार आत्मविश्वास का अभाव आड़े आता है। अपनी ऐसी छिपी हुई क्षमताओं को कैसे पहचानें और कैसे इस सिलसिले में आत्मविश्वास अपने भीतर विकसित करें, यही आपके स्वतः नियोजन की सबसे बड़ी कसौटी है।

पहचान रुचियों की–अपनी छिपी हुई शक्तियों को पहचानने का सबसे पहला और प्रभावी उपाय अपनी रुचियों की पहचान है। वैसे अपनी रुचियों के बारे में हर कोई जानता है, लेकिन कई बार अतिमहत्त्वाकांक्षा और सामाजिक दबाव के चलते व्यक्ति अपनी रुचियों को स्वयं ही दबाने लगता है। अपनी मूलभूत रुचियों को दबाकर झूठी रुचियाँ अपने ऊपर आरोपित करने लगता है। यह स्वयं आपके अपने व्यक्तित्व के साथ ही अत्याचार है। यह प्रवृत्ति भारतीय युवाओं की विफलता के लिए सबसे ज्यादा जिम्मेदार होती है और यही उनकी दिशाहीनता का सबसे बड़ा कारण भी बनती है। यह जानते हुए भी कि आपकी पूरी रुचि संगीत में है और संगीत की दुनिया में आप बेहतर कार्य सकते हैं, ऐसे बहुत लोग हैं जो केवल इस लोभ में विज्ञान या वाणिज्य की पढ़ाई का प्रयास करते हैं कि वहाँ बेहतर रोजगार और आर्थिक लाभ की अधिक संभावनाएँ हैं। यह स्थिति उन्हें कहीं का नहीं रहने देती। क्योंकि उस क्षेत्र

में न तो वे पूरी रुचि के साथ काम कर पाते हैं और न अपनी क्षमताओं का विकास ही कर पाते हैं। इसके लिए जरूरत इस बात की है कि सबसे पहले तो यह समझ लें कि आज व्यवसाय का ऐसा कोई क्षेत्र नहीं है जहाँ पद, धन और प्रतिष्ठा की कोई कमी हो। जरूरत सिर्फ इस बात की है कि आप उस क्षेत्र में स्वयं को साबित कर सकें। इसलिए सभी तरह के दुराग्रहों और पूर्वाग्रहों से मुक्त होकर अपनी रुचि को पहचानें। उसके अनुरूप ही अपने लिए कार्यक्षेत्र के चयन तथा अपनी प्रतिभा को विकसित करने का प्रयास करें। आपके लिए अपने जीवन की दिशा तय करने में यही बात सबसे ज्यादा मददगार साबित होगी।

तलाश खुद की-इसका अगला चरण है आत्मनिरीक्षण। हालाँकि आत्मनिरीक्षण की शुरुआत आपकी रुचियों की पहचान की प्रक्रिया से ही शुरू हो जाती है। पर बात इतने से ही नहीं बनती। कई बार उन बातों में भी ढेर सारी क्षमताएँ छिपी होती हैं, जिन्हें आप शौक समझते हैं। हर किसी के बहुत सारे शौक होते हैं। आपके भी होंगे। समझने की बात यह है, कि इनमें ऐसे शौक कौन से हैं जो आपके व्यक्तित्व के विस्तार में सहायक हो सकते हैं। इनमें क्या संभावनाएँ हैं और इन्हें विकसित करने के लिए आपको क्या-क्या करने की जरूरत हो सकती है। ऐसे शौक सचमुच बड़े काम के साबित होते हैं। अगर इन्हें सही तरीके से विकसित किया जाये तो ये आपके व्यक्तित्व के विस्तार से लेकर व्यावसायिक आधार तक बन सकते हैं। शर्त यह है कि आप इनके प्रति सही दृष्टि रखें और साथ ही आलोचनात्मक नजरिया भी अपनायें। सोच-समझ कर अगर नियोजित ढंग से इनके विकास की कोशिश करें, तो इसमें कोई दो राय नहीं है कि ये आपके लिए सामाजिक प्रतिष्ठा से लेकर रोजगार के सहायक या मुख्य साधन तक बन सकते हैं। कई बार संकट में फँसने पर ये आपको संकट से उबारने का काम भी करते हैं, इसके ढेरों उदाहरण हमारे आसपास मौजूद हैं।

कल्पना संकट की -कई बार ऐसा भी होता है कि हममें कुछ ऐसी क्षमताएँ भी होती हैं, जिनके प्रति हम बिलकुल जागरूक नहीं होते हैं। अपनी ऐसी कुछ क्षमताओं के बारे में तो हमें संकट के क्षणों में एहसास हो जाता है, लेकिन कुछ क्षमता हमेशा सुषुप्त रह जाती हैं। यह बिलकुल वैसे ही है जैसे हम तेज दौड़ सकते हैं, लेकिन इसका पता हमें तब चलता है जब कोई आवारा कुत्ता हमारे पीछे पड़ जाता है और हमें भागकर जान बचानी होती है। पर इस तरह अपने गाने, चित्र बनाने या वैज्ञानिक आविष्कारों में सक्षम होने का अंदाजा हमें इसलिए नहीं हो पाता क्योंकि इन्हें उभारने के लिए कोई अवसर सामने नहीं आता। इस तरह अपनी कई क्षमताओं को हम चाहकर भी जगा नहीं पाते हैं। अपने भीतर आप जो क्षमता चाहते हैं, सबसे पहले उस सम्बन्ध में ऐसी ही कल्पना करें। यह कि आप ऐसी स्थिति में फँस गए हैं जहाँ आपको वह कार्य अवश्य करना है। मान लीजिए आप गाना चाहते हैं, पर आपको यह भरोसा नहीं है कि आप अच्छा गा सकते हैं। आपको डर है कि अगर आप गाएंगे तो लोग आपका मजाक उड़ाएंगे। इसके पहले कि आप लोगों के बीच जाकर हतोत्साहित हों, बेहतर होगा कि आप जाने

का अभ्यास पहले अकेले में कर लें। आप जो भी गीत या गजल गाना चाहते हैं, उसे अकेले में गाने की कोशिश करें। जैसे बाथरूम सिंगर करते हैं। दो-चार दिनों तक जब आप अकसर यह कोशिश करेंगे तो आपका आत्मविश्वास बढ़ेगा। फिर आप उसे रिकॉर्ड करें और पहले खुद सुनें। जब दो-चार बार सुन लें तो दोस्तों को वही रिकॉर्ड किया गया गाना सुनाएं। यदि कोई आलोचना करे तो हतोत्साहित न हों और अगर कोई सुझाव दे तो उसका स्वागत करें।

शुरुआत अकेले में-यह अलग बात है कि कोई भी सृजन होता तो है पूरी दुनिया के लिए, लेकिन सबकी शुरुआत अकेले में ही होती है। संगीत का आनंद तो सभी लेते हैं और होता भी यह इसीलिए है कि हर शख्स इसका आनंद ले सके, लेकिन रियाज हमेशा अकेले में होती है। गुरु का साथ भी तब होता है जब कलाकार अकेले प्रयास करके संगीत के प्रति अपनी एक समझ का एक स्तर विकसित कर लेता है। यह बात केवल गायन ही नहीं, दूसरे क्षेत्रों में भी ऐसे ही लागू होती है। आप पेंटिंग्स बनाना चाहते हैं तो इसकी शुरुआत भी ऐसे ही कर सकते हैं। कविता लिखना चाहते हैं तो इसकी शुरुआत भी ऐसे ही होती है। यहाँ तक कि अगर विज्ञान, दर्शन या व्यापार के क्षेत्र में भी अपनी प्रतिभा की पहचान करनी हो तो इसका तरीका भी यही है। बड़े-बड़े तर्कशास्त्री भी पक्ष-विपक्ष दोनों के तर्कों की कल्पना पहले स्वयं ही करते हैं और स्वयं ही अपने विपक्ष के तर्कों के खिलाफ तर्क भी ढूँढ़ते हैं। वैज्ञानिकों ने भी अपने आविष्कारों की प्रक्रिया इसी तरह शुरू की है। बड़े-बड़े पहलवान भी अपनी ताकत का प्रदर्शन बाद में, पहले उसके लिए साधना करते हैं। यह साधना सिर्फ कला या विज्ञान की ही साधना नहीं होती है, वास्तव में वह आपके आत्मविश्वास की साधना होती है। जब आप एक क्षेत्र में यह साधना पूरी कर लेते हैं तो अन्य क्षेत्र भी आपके लिए आसान हो जाते हैं।

4. क्षमताओं का आकलन

प्रतिभा सिर्फ क्षमताओं का जागरण ही नहीं, बल्कि उनका सुनियोजन भी हैं। हममें से प्रत्येक के भीतर चंद्रशेखर आजाद, भगत सिंह जैसी बलिष्ठता एवं कर्मठता अरविन्द, विवेकानंद सी दार्शनिकता, कालिदास, होमर, दांते जैसी कवित्व समाया हुआ है। इन अद्भुत क्षमताओं को न पहचानने के कारण ही हम आज गयी गुजरी स्थिति में रह रहे हैं। मनुष्य होकर भी कीड़े-मकोड़ों-सी जिंदगी गुजार रहें है। आज तक संसार में कोई भी व्यक्ति अपनी क्षमताओं का पूर्ण उपयोग नहीं कर पाया है और न ही यह सम्भव है कि वह अपनी समस्त क्षमताओं का उपयोग करने में सफल हो जाये। जितनी असीमित क्षमताएँ मनुष्य ने आपने अपने अन्दर समेट रखी हैं। ईश्वर के पश्चात् यदि कोई सर्वशक्तिमान है तो वह केवल मनुष्य है।

आप अपने जीवन के साथ जो भी करते है या करना चाहते है यह पूर्णतः इस तथ्य पर निर्भर करता है कि आप स्वयं को किस रूप मे स्वीकार करते हैं। आप अपने अस्तित्व को वैसा ही पाते हैं।

महान् अमरीकी व्यवसायी, मोटर-वाहन निर्माता हेनरी फोर्ड ने कहा था "प्रत्येक व्यक्ति अपनी क्षमताओं का जितना आकलन करता है, वह उस क्षमता से कहीं अधिक क्षमतावान होता है"। यदि आप एक बार ठान लें तो इनमे आप अविश्वसनीय विकास करने मे पूर्णतः समर्थ है। आपको मात्र अपनी क्षमताओं एवं योग्यताओं का पुनर्मूल्यांकन करने, उनमें आवश्यक परिष्कार करने की आवश्यकता है ध्यान रख कर आप अपनी क्षमताओं का समुचित आकलन कीजिए।

आप भी स्वयं को सही रूप मे समझने का प्रयत्न कीजिए, स्वयं का समुचित मूल्यांकन कीजिए और उसके बाद स्वयं को उसके अनुसार बदलने का प्रयास कीजिए। इन सब के लिए अपने मस्तिष्क में निम्न दस प्रभावशाली तथ्यों का स्मरण कराते रहिए-

अपने को स्वीकार कीजिए- आप जो भी हैं, जैसे भी हैं, जहाँ भी हैं उसी रूप मे अपने को स्वीकार कीजिए। आप अत्यन्त प्रतिभावान हैं, आकर्षक हैं, सुयोग्य हैं, हँसमुख है और लोकप्रिय हैं। इसलिए आप स्वयं को पर्याप्त मान-सम्मान प्रदान कीजिए, स्वयं को परिपूर्णता से स्वीकार कीजिए। सर्वशक्तिमान ईश्वर आपका पिता है आपको उसका पूर्ण स्नेह प्राप्त है। तो अब आपको स्वयं को स्वीकार करने मे क्या आपत्ति है, जबकि अनेक व्यक्तियों ने तो आपको बहुत पहले से ही स्वीकार कर लिया है।

अपने में विश्वास रखिए- आप स्वयं में सुदृढ़ विश्वास रखिए। इस श्रेष्ठ विश्वास को किसी भी परिस्थिति मे डगमगाने न दीजिए। महान् ईश्वर ने अपने समान श्रेष्ठ उपहारों से आपको सुसज्जित कर भेजा है इन सर्वोत्तम उपहारों को अपने भीतर सँजोए रखिए एवं अक्षुण्ण बनाये रखने का प्रयत्न कीजिए। इन समस्त उत्तम अलौकिक उपहारों का प्रभावशाली प्रदर्शन कर, अपने विशिष्ठ अस्तित्व को संसार में आलोकित करिए।

अपने से श्रेष्ठ व्यवहार कीजिए- जिस प्रकार आप अन्य लोगों उत्तम व्यवहार करने और उनसे उत्तम व्यवहार प्राप्त करने के लिए इच्छुक रहते है, उसी प्रकार का श्रेष्ठ व्यवहार अपने आप से भी कीजिए। अपने मस्तिष्क को भी उसी प्रकार विश्राम प्रदान करने की व्यवस्था कीजिए, जिस प्रकार आप अपने शरीर को विश्राम देते है। मस्तिष्क को प्रदान किया गया तनिक-सा यह विश्राम या कोई मनोरंजन आपके मस्तिष्क को नवीन उर्जा, नवीन उत्साह के साथ ही अतिरिक्त उर्जा उपलब्ध कराएगा और इसके बदले अपनी अतुलनीय सेवाएँ प्रदान कर आपको अभिभूत कर देगा।

सदैव व्यस्त रखिए- आप अपने मस्तिष्क को हमेशा व्यस्त रखिए। शारीरिक रूप से और मानसिक रूप से कुछ-न-कुछ अवश्य करते रहिए। यदि आप शारीरिक रूप से थक जायें तो मानसिक कार्य करके शरीर को विश्राम दीजिए और यदि मानसिक कार्य करते-करते थक जायें तो कुछ हल्का-फुल्का शारीरिक कार्य करके मस्तिष्क

को विश्राम प्रदान कीजिए। इस उक्ति का सदैव ध्यान रखिए–''खाली दिमाग शैतान का घर।'' अतः आप सदैव कुछ–न–कुछ करते रहिए और अपने को व्यस्त रखिए।

सदैव प्रसन्न रखते हुए चिंतामुक्त रहिए– अपने मस्तिष्क को सदैव आनन्द उत्सव मनाने का अवसर प्रदान करते रहिए, तभी आप अपने कार्यों को सुचारू रूप से सम्पन्न करने में सफल होंगे मन के अप्रसन्न होने पर किसी भी कार्य में अपना मन लगाना व्यक्ति के लिए दुष्कर होता है इसलिए जहाँ तक सम्भव हो अपनी प्रसन्नताओं को अन्य लोगों के बीच बाँटने का प्रयत्न भी करते रहिए और दूसरों के दुःख–दर्द में भागीदार बनने का भी प्रयत्न कीजिए। ऐसा करके आप अपनी प्रसन्नता में भी कई गुणा वृद्धि करने में भी सफल रहते हैं इस तरह आप स्वयं से अनुराग रखते हुए दूसरों को खुशी देगें। जब आप ही स्वयं से प्रेम नहीं करेंगे तो अन्य लोग आपको प्रेम करने के लिए कैसे उद्यत होंगे अपने से अनुराग रखने का तात्पर्य है अपनी स्थिति के प्रति पूर्णतः आश्वस्त होना। यह विश्वास रखना कि अपनी इस स्थिति को कायम रखते हुए मुझे अपना लक्ष्य प्राप्त करना है।

ऐसा करने के लिए आप चिन्ताओं को स्वयं से दूर रखने का कारगर उपाय कीजिए। ये दुश्चिन्ताएँ आपके अस्तित्व को कोई हानि पहुँचाए, आपकी कल्पना शक्ति को नष्ट करने का कोई प्रयास करें, उससे पूर्व ही आप इन चिन्ताओं की चिता सजाने का प्रयत्न कीजिए। 'न रहेगा बाँस, न बजेगी बाँसुरी'–जब दुश्चिन्ता ही नहीं रहेगी तो फिर कौन आपको हानि पहुँचा सकता है। आपको इससे मुक्ति पाने में विलम्ब करना 'स्वयं अपने पैरो पर कुल्हाड़ी मारने के समान है' इसलिए मस्तिष्क में उपजी किसी भी दुश्चिन्ता का उपचार करने में अति शीघ्र जुट जाइए।

अपनी भूलों को भूलिए– भूतकाल में हुई स्वयं की गलतियों को भूलने का यथासम्भव प्रयत्न कीजिए जो हो गया सो हो गया। बीते हुए समय के दुःखद क्षणों, अप्रिय प्रसंगों, विगत दुःस्वप्नों को भूलने का सार्थक प्रयास कीजिए और केवल भविष्य की सुनहरी किरणों में सराबोर होने का प्रयत्न कीजिए। भूतकाल की इन भूलों का स्मरणकर अपनी शारीरिक एवं कल्पनाशील क्षमताओं को कुंठित करने का प्रयास मत कीजिए। विगत की गलतियों को बार–बार याद करने की अपेक्षा उन गलतियों से सबक सीखने का प्रयत्न कीजिए और भविष्य में वैसी ही गलतियाँ दोहराने की भूल मत कीजिए। वर्तमान को सुन्दरतम बनाइए और उसी में पूर्णता से जीने का प्रयत्न कीजिए। खुशियों की तूलिका उठाइए और अपने जीवन को सफलता और उल्लास के इन्द्रधनुषी रंग प्रदान करने में जुट जाइए।

अपने सौभाग्य को आमन्त्रित कीजिए– अपने मस्तिष्क मे सौभाग्यशाली विचारधारा की बारात सजाइए सौभाग्यशाली विचारधारा ही आपके सौभाग्य को बलपूर्वक आकर्षित करती है

अपने ईश्वर के प्रति श्रद्धा रखिए– ईश्वर में आपका दृढ़ विश्वास आपकी समस्त बाधाओं को नष्ट करने में अविश्वसनीय रूप से समर्थ है इसलिए ईश्वर

के प्रति अपने दृढ़ विश्वास को किसी भी स्थिति मे कमजोर मत होने दीजिए। यह अखण्ड, दृढ़ विश्वास ही आपकी मंजिल को आपके निकट खींच लायेगा। महान् साहित्यकार एच डब्ल्य लोंगफैला ने लिखा है- "महान् व्यक्तियों को जो श्रेष्ठ प्रतिष्ठा प्राप्त हुई, वह इन महापुरुषों को अनायास एक ही प्रयास में प्राप्त नहीं हुई। जब उनके अन्य साथी सोए पड़े थे, तब वे एकाग्रचित्त होकर आत्मोत्थान की दिशा में प्रयत्नशील थे, इस प्रकार वे सफलता के सर्वोच्च शिखर पर पहुँचकर महान् बने।"

महानता- अर्जुन के सिद्धान्तों का वर्णन करते हुए बैजामिन डिजरायली ने कहा था कि- "अपने मस्तिष्क को महान् विचारों से पोषित करो नायकत्व में विश्वास करने वाला ही स्वयं को नायक बनाता है।" आप महान् है, अपने इस विश्वास को दृढ़ता प्रदान कीजिए और स्वयं से कहिए-मैं भी महान् हूँ, महान् हूँ, महान् हूँ।

5. बेहतर बनने की प्रकिया

आज छात्रों को कठिन प्रतियोगिता का सामना करना पड़ रहा है। हर कोई करियर में आगे निकल जाना चाहता है। इसके लिए जरूरी है दिमागी मजबूती। यह न हो तो छात्र जल्द ही हार मान लेते हैं और अपने लक्ष्य से हमेशा दूर ही रह जाते हैं, लिहाजा हर छात्र के लिए दिमागी तौर पर मजबूती हासिल करना बहुत जरूरी है।

यह दौर कठिन प्रतियोगिता का है। यह करियर में नई ऊँचाइयाँ हासिल करने के लिए कड़ी मेहनत करने का भी दौर है। करियर चाहे एमबीए में बनाना हो या होटल मैनेजमेंट में, रेडियो जॉकी बनना हो या एनिमेटर, आज हर छात्र के लिए दिमागी तौर पर मजबूती जरूरी है। इसके अभाव में बहुधा कई छात्र जल्दी तनावग्रस्त हो जाते हैं।

इसलिए आज के इस दौर में दिमागी तौर पर मजबूत होना बहुत जरूरी है। दिमागी तौर पर मजबूती का अर्थ है तमाम प्रतिकूल परिस्थितियों में रहकर भी हर बाधाओं को पार करते हुए सकारात्मक होकर आगे बढ़ते रहना। इसके लिए यहाँ कुछ कार्यवाही के बिन्दु दिए जा रहे हैं जिनसे छात्र दिमागी तौर पर मजबूती हासिल कर सकते हैं।

विशेषज्ञ की सुनें- खुद दिमागी तौर पर मजबूती विकसित करने के लिए छात्र उन लोगों की जीवनी और ऑडियो संदेश पढ़-सुन सकते हैं, जिन्होंने विपरीत हालातों में कामयाबी हासिल की। दुनिया में ऐसे कई लोग हैं जिन्होंने यह कर दिखाया है।

इसके अलावा इंटरनेट अखबार या पत्र-पत्रकिओं में सफलता की कहानियाँ पढ़ सकते हैं। ये छात्रों को आत्मविकास के लिए प्रेरित करती हैं और उनके मन में नवीन उत्साह पैदा करती हैं। यह पढ़कर सोचिए कि आपमें और उनमें कोई अंतर नहीं। बस सोच का अंतर है क्योंकि उन्हें विश्वास था कि वे कामयाब होंगे। तो आप क्यों नहीं हो सकते?

बिना दुःख के सुख नहीं मिलता- यह झूठ है कि बिना किसी परेशानी के कामयाबी हासिल की जा सकती है। तमाम तरह की सफलता की कहानियाँ पढ़ें तो यह पायेंगे कि उन्होंने कामयाबी का स्वाद चखने के पहले कई तरह के शारीरिक और भावनात्मक दर्द सहे। इसलिए बेहतर यह होगा कि आप अपनी गलतियों के साथ ही दूसरों की गलतियों से भी सबक सीखें।

यही सीख आपको अपनी तकलीफों को भूलकर मजबूती से आगे बढ़ने के लिए प्रेरित करेगी। अपने से अपेक्षा रखें और उन्हें पूरा करने की ताकत हासिल करते रहें।

कल की चिंता न करें और सदैव अपने लक्ष्य की ओर केंद्रित रहें। छोटी-छोटी नाकामियों से परेशान, उदास और हतोत्साहित न हों। छोटी बातों में उलझेंगे तो मार्ग से भटक जायेंगे।

परेशानी क्या है- अपनी समस्याओं को पहचानें। उन्हें जानने और समझने की कोशिश करें। आप यह जान लेंगे तो उसके हल या उपाय के बारे में बेहतर ढंग से सोच सकेंगे और यदि सोच सकेंगे तो उसे हल करने की दिशा में आगे बढ़ सकेंगे। यदि आप यह देख पाते हैं कि आपसे क्या गलतियाँ हुई हैं तो फिर इस बात पर विचार करें कि आप कैसे आगे बढ़ सकते हैं?

करें कुछ अलग हट कर- कई बार छात्र रोजमर्रा के कामों में फंसे होते हैं। कभी-कभी कोशिश करें कि रोजमर्रा के कामों से हटकर कोई काम कर सकें। जो काम रोज करते हैं, उसे रोज बदलते रहें। अपने टीवी को एक माह के लिए अलमारी में बंद कर दें, क्योंकि यह आपका काफी समय और ऊर्जा खा जाता है। इससे आप अलग-अलग माहौल में आत्मविश्वास के साथ रहना सीखेंगे।

स्वस्थ रहें- स्वास्थ्य के प्रति सचेत रहें। इसके प्रति खुद को प्रशिक्षित भी करते रहें। आपके लिए क्या खानपान होना चाहिए, किस तरह की यह कठिन प्रतियोगिता का दौर है। यह करियर में नई ऊँचाइयाँ हासिल करने के लिए कड़ी मेहनत करने का भी दौर है।

साथ रहें- मानसिक तनाव में भी अकेले न रहें और न ही अकेले काम करें। ऐसे लोगों के साथ भी न रहें जो खुद को असफल मानते हैं और अब तक कुछ नहीं कर पाये हैं।

लक्ष्य के ऊपर नजर रखें- कल की चिंता न करें और सदैव अपने लक्ष्य की ओर केंद्रित रहें। छोटी-छोटी नाकामियों से परेशान और हतोत्साहित न हों।

अध्याय-2

अपने सपनों को साकार करें

वॉल्ट डेजनी का कहना था कि अगर आप सपना देख सकते हैं, तो उसे साकार भी कर सकते हैं। इसलिए सपने देखिए, लेकिन अपनी योग्यता पर भरोसा रखते हुए सपने देखें। बिना लक्ष्य के सपना देखना निरर्थक है न केवल अपने लिए बल्कि अगली पीढ़ी के लिए भी सपने देखकर उनकी विस्तृत योजना बनायें। करियर कांउसलरों का कहना है कि जो सपने नहीं देखते वे जीवन में कभी आगे नहीं बढ़ते। इसलिए सपने जरूर देखें लेकिन साथ ही अपने सपनों को पूरा करने के लिए साहस भी रखें। यही आपके रास्ते और मंजिल तय करने में आपकी मदद करेगा।

एक मनुष्य के तौर पर, हमारे लिए बेहद जरूरी है कि हम सपने देखें और उन सपनों को पूरा करने की दिशा में आगे बढ़ें। हमारे सपनें हमें आशा देते हैं और जीवन में महान और बड़े लक्ष्यों को हासिल करने के लिए प्रेरित करते हैं। पर, सिर्फ सपने और लक्ष्यों का होना की वहाँ तक पहुँचने के लिए काफी नहीं है। लक्ष्य हासिल करने की दिशा में हर कदम पर एकाग्रता बनाये रखना भी जरूरी है।

सपनों की सफलता का कोई मंजिल नहीं, बल्कि एक यात्रा है। लगातार चलने वाली यात्रा, जिसके लिए हमें अपना हर कदम बहुत सोच-समझ कर और देखभाल कर उठाना पड़ता है। अमीरी, शोहरत, खुशहाली, खुशियाँ ऐसी चीजें हैं जो तोहफे में नहीं मिलती, बल्कि हासिल की जाती हैं। कड़ी मेहनत से इन्हें हासिल कर लेने के बाद यह हमेशा आपके पास ही बनी रहें, यह भी कोई जरूरी नहीं है। इन्हें अपने पास बनाये रखने के लिए भी लगातार कोशिश करनी पड़ती है। हरेक व्यक्ति जीवन में सफल होने के रहस्यों के बारे में जानने उत्सुक होता है। ऐसे बहुत से लोग हैं जिन्होंने इस संसार में सफलता हासिल की है।

ये जानी मानी बात है कि सफलता उन व्यक्तियों के पास नहीं आती जो इंतजार करते हैं ... और यह भी सच है कि सफलता अपने पास आने के लिए किसी का इंतजार भी नहीं करती है। अधिकतर सफल व्यक्तियों ने कुछ नए गुणों या उन्हें प्राप्त अवसरों द्वारा ही अपने गंतव्य को प्राप्त नहीं किया है। उन्होंने तो अपने हाथ में आये अवसरों का विकास किया है। असफलता और सफलता के बीच अंतर बस इतना है, जैसे कोई काम लगभग सही करना तथा बिल्कुल सही प्रकार से करना। कोई भी व्यक्ति सफल रूप में पैदा नहीं होता है बल्कि वे तो इसका सृजन करते हैं। सफलता कोई इत्तेफाक नहीं है। इसे तो आपको स्वयं सृजित करना होता है। सफलता के रहस्यों की जानकारी और उनका सही कार्यान्वयन निश्चित तौर पर किसी व्यक्ति के लिए जीवन में सफलता हासिल करने में मददगार हो सकता है। यदि चाहते हैं कि सफलता आपका साथ निभाए तो चंद नुस्खों पर आप भी अमल करें, जैसे-

1. शुरुआत संकल्पों के साथ

कई लोगों को लगता है कि जिंदगी बहुत छोटी है, इसमें कई बड़े काम करने हैं। यह सही है कि जीवन बहुत छोटा है, लेकिन यह सोच कतई उचित नहीं है कि आप एक साथ कई संकल्प कर लें या अपने ऊपर काम का बोझ लाद लें। ऐसा करना अपनी क्षमताओं को बहुत ज्यादा आंकने से भी हो सकता है। इसलिए जरूरी है कि ठोक-बजाकर वही संकल्प लें, जिसे पूरा करना संभव हो।

अकसर देखा जाता है कि कुछ लोग देखा-देखी या किसी के कहने में आकर भी संकल्प ले लेते हैं। ऐसे संकल्पों की कोई ठोस जमीन नहीं होती। नतीजतन संकल्प का कोई मतलब नहीं रह जाता। इससे बेहतर है कि अपनी रुचि, इच्छा तथा तैयारी हो तभी संकल्प लें। हरेक व्यक्ति की क्षमता, सोच, उत्साह और प्रकृति अलग-अलग होती हैं। इसलिए अपने व्यक्तित्व को जाँचकर संकल्प लें।

जो संकल्प लिया गया है उसके बारे में अपने दोस्तों तथा रिश्तेदारों को भी बताना जरूरी है। इससे फायदा यह होगा कि आप संकल्प पूरा करने में जरा भी कमजोर दिखाई दिए तो आपके दोस्त व रिश्तेदार आपको आपके संकल्प की याद दिला देंगे।

बड़े काम तभी संभव हो पाते हैं, जब उन्हें पूरा करने में हम पूरी दृढ़ता तथा ऊर्जा के साथ लग जाते हैं। यदि हमारी मनःस्थिति ढुलमुल रही या हम 'हाँ-ना' के जाल में फँसे रहे तो एक कदम भी आगे नहीं बढ़ सकते। काम छोटा हो या बड़ा, उसे पूरा करने के लिए सकारात्मक सोच के साथ आगे बढ़ना चाहिए।

जीवन को अर्थवान बनाने के लिए कई लोग तरह-तरह के संकल्प लेते हैं। इससे उनके जीवन का लक्ष्य तय होता है। प्रसिद्ध विचारक स्वेट मॉर्डेन ने अपनी पुस्तक में लिखा है, "ऐसा व्यक्ति कठिनाई से मिलता है, जो विश्वासपूर्वक यह कह सके कि मैं यह काम करूँगा। जो कार्य मुझे करना चाहिए मैं उसे करता हूँ।"

यदि व्यक्ति इस आधार पर अपना संकल्प तय कर ले तो उसमें जो आत्मविश्वास एवं दृढ़ता आएगी, उसके संकल्प के पूरा होने में कोई संदेह नहीं रहेगा।

किसी भी संकल्प को लेने से पहले सबसे ज्यादा जरूरी है कि बिलकुल शांत तथा एकाग्रचित हो जायें। फिर अपनी तमाम क्षमताओं तथा कमजोरियों का पूरा आकलन करें। इसमें अपनी रुचि को सर्वोच्च स्थान दें। ऐसा करने से आपको अपनी सीमाओं का पता चल जायेगा और आप अपनी हद में रहकर संकल्प ले सकेंगे।

यदि ऐसा नहीं किया गया तो संकल्प अतिउत्साह में लिया हुआ होगा, जिसका ज्वार बहुत जल्दी उतर जाता है। ऐसे में व्यक्ति का संकल्प भी धरा-का-धरा रह जाता है। इसका असर इतना विपरीत होता है कि व्यक्ति निराश हो जाता है, जिससे उसके दूसरे कार्य भी बिगड़ जाते हैं। उसका संपूर्ण व्यक्तित्व नकारात्मक दिशा में जा सकता है।

2. पहले अपने सपनों को साकार करें

डिजरायली ने एक बार कहा था–"जीवन बहुत छोटा है और हमें संतोषी नहीं होना चाहिए।"

हमें अपने आपको जीवन की ऊँचाइयों पर देखने के लिए अनवरत प्रयास करते रहना चाहिए। आप अपने लिए जिस ऊँचे स्तर की कल्पना कर सकते हैं, उसके लिए मेहनत करनी चाहिए। अधिकतर लोग अपने आपको संकीर्णता की ओर ले जाते हैं और छोटी चीजों से संतुष्ट होने की मानसिकता रखते हैं। वे बहुत कम खुश हो जाते हैं।

अधिकांश मनुष्य एक दायरे में कैद होते हैं और यह सोचते हैं कि उन्होंने अपनी सीमाएँ पा ली हैं। बहुत सारे लोग अपने जीवन में यथास्थिति को स्वीकार कर लेते हैं और घिसटते रहते हैं। वे कभी किसी बड़े लक्ष्य के लिए अपने विचारों को आगे नहीं ले जाते। लेकिन वास्तव में लगातार पहले से बड़ा, बेहतर और ऊँचा होते जाना ही मनुष्य की नियति है। क्या आज हम दो लाख वर्ष पहले के होमो सेपियंस से बहुत अधिक विकसित नहीं है? क्या सौ वर्ष पहले तक लोग किसी तापमान-नियंत्रित वातावरण में रह सकते थे?

नेपोलियन हिल ने एक बार महसूस किया "दुःख और गरीबी स्वीकार करने के लिए जितना प्रयास अपेक्षित है, जीवन में ऊँचा लक्ष्य रखने के लिए उससे अधिक प्रयास की जरूरत नहीं है।" आपको बस एक पहल करनी है, एक संकल्प लेना है कि आपको उच्च विचार रखने हैं। यह एक बर्गर और एक फल के बीच चयन करने जितना आसान है। आप दोनों चीजों को खा सकते हैं। आपको बस यह फैसला करना है कि आपको क्या चाहिए।

हमारा मस्तिष्क विचारों का एक अद्‌भुत संग्रह है। यह हमारे ऊपर है कि हम अपनी प्लेट उठाएँ और जो हमें चाहिए, उससे भर लें। इसके लिए बस चुनने की जरूरत है,अपने जीवन को यथासंभव भव्यतम रूप में जीने के लिए एक व्यक्तिगत शर्त। इसके लिए कभी देर नहीं होती। जैसा कि टेनीसन ने कहा था–"मेरे मित्रों!

आओ, एक नई दुनिया बसाने के लिए कभी देर नहीं होती।'' इसलिए कुछ बड़ा सोचें और एक ऐसी दुनिया बसाएँ, जिसके बारे में हमसे पहले किसी ने सपना भी न देखा हो।

3. वास्तविक सपने निर्धारित करें

सपनों की सफलता किसी व्यक्ति द्वारा चुने गए लक्ष्यों को हासिल करना है। ऐसे लक्ष्य, जिनकी हर व्यक्ति आकांक्षा रखता है और उनके लिए कार्य करता है, भले ही वे कुछ भी हों। यह हमारे प्रयत्नों का सकारात्मक परिणाम है। उपलब्धियों के सिलसिले को जब एक साथ रखकर जीवन की बड़ी उपलब्धियों के साथ जोड़ा जाता है तो उसे सफलता के रूप में जाना जाता है। हम में से सभी व्यक्तियों के लिए सफलता के भिन्न-भिन्न अर्थ होते हैं। यह सब इस बात पर निर्भर करता है कि आप जीवन में क्या तलाश रहे होते हैं। सफलता एक यात्रा है और गंतव्य नहीं है, जिस पर आपको लगातार आगे बढ़ते रहना है। सफलता के शिखर को छूना किसी पहाड़ी पर चढ़ाई करने के समान होता है। हर चोटी गंतव्य होती है और आप एक बार में एक चोटी पर ही चढ़ते हैं। प्रत्येक गंतव्य स्थान तक पहुँचना भी एक चुनौती होती है। कोई संगीतकार अपनी सफलता हिट हुए गानों की संख्या में देख सकता है, किसी डॉक्टर के लिए वह सर्जरी सफलता हो सकती है जो सही प्रकार से सम्पन्न हुई है, किसी राजनीतिज्ञ के लिए सफलता सत्ता हासिल करना हो सकती है और किसी वैज्ञानिक के लिए कोई नया आविष्कार उसकी सफलता हो सकती है। मुख्यत: यह आपके जीवन की भविष्य-सापेक्षता पर निर्भर करता है।

लेकिन आप इंजीनियरिंग की पढ़ाई पूरी करने के बाद डॉक्टर बनने का सपना नहीं देख सकते। आप ऐसे सपने देखें जिन्हें साकार किया जा सकता हो। अन्यथा आपको निराशा का सामना करना पड़ेगा। सपना देखने के बाद इसे साकार करने के बाद के दृश्य की कल्पना करें, फिर यह निर्णय लें कि क्या यह परिणाम वही होगा, जिसे आप हासिल करना चाहते हैं। आपका सपना ऐसा होना चाहिए जिसे हासिल किया जा सकता हो।

4. सपनों को छोटे-छोटे लक्ष्यों में बाँटकर योजना बनायें

यह सुनिश्चित करने के लिए कि आप अपने सपनों को हासिल करने के लिए सही दिशा में बढ़ रहे हैं या नहीं? अपने सपनों को छोटे-छोटे लक्ष्यों में बाँट लें। इससे आप एक साथ किसी एक बड़े उद्देश्य की ओर काम करने की जगह छोटे-अल्पकालिक उद्देश्यों को हासिल करने की दिशा में काम करेंगे जो अंतत: आपको अपनी मंजिल की ओर ले जायेंगे।

लक्ष्यों की सफलता हासिल करने वाले अधिकतर लोग पहले इसे परिभाषित करते हैं और इसके बाद इसकी योजना तैयार करते हैं। वे इसकी प्राप्ति का लक्ष्य तय करते हैं। किसी भी व्यक्ति को स्वयं की सफलता की परिभाषा तैयार करने के लिए उसका सघन विश्लेषण करना पड़ता है और तद्नुरूप इसे तय करना

होता है। इससे सफलता की प्राप्ति के लिए आगे उठाए जाने वाले कदमों और कार्रवाइयों के निर्धारण में मदद मिलती है। अर्थात् सफलता शब्द को निम्नलिखित प्रकार से परिभाषित किया जाता है :-

- "एस" (solo focus) - एकल फोकस
- "यू" (unlocked imagination) - अव्यक्त कल्पना
- "सी" (crystal clear path) - पारदर्शक स्वच्छ मार्ग
- "सी" (connection to the heart) - हृदय से जुड़ाव
- "ई" (extraordinary energy) - असाधारण ऊर्जा
- "एस" (skill set) - कौशल
- "एस"(stopAt nothing) - कहीं भी न रुकना

लक्ष्यों का अल्पकालिक वर्गीकरण करने के बाद, योजना बनायें, जो लक्ष्य हासिल करने के लिए आवश्यक है। काम पूरा करने के लिए समय का निर्धारण भी करें और अपनी योजना पर पूरी गंभीरता के साथ काम करें।

अच्छी तरह स्मरण रखा जाने वाला लक्ष्य ही सही तरह हासिल होता है। सफल लोग सृजित लक्ष्यों के प्रति हमेशा ध्यान केंद्रित रखते हैं तथा उन्हें प्राप्त करने की अपनी क्षमता पर कभी संदेह नहीं करते। उनकी सफलता में सुविचारित जोखिम उठाने का साहस एक बड़ा कारण होता है। सफल व्यक्तियों में तीन समान विशेषताएँ होती है:

1. वे जानते हैं कि वे कहाँ हैं
2. वे जानते हैं उनकी मंजिल क्या है, और
3. उनके पास वहाँ पहुँचने की एक एक समयबद्ध योजना होती है।

आप सफलता के निर्माता स्वयं हैं इन्हें निम्नानुसार संक्षेप में दर्शाया जा सकता है :-

आप तय करते हैं : सफलता प्राप्ति का निर्धारण आप को स्वयं करना होता है। आप दर्शाते हैं कि सचेतन फैसले आपके स्व-मूल्यांकन और निर्णय पर आधारित होते हैं।

आप समझते हैं : आप अपनी सफलता के लिए स्वयं जिम्मेदार हैं भले ही इसमें सारथी होते हैं और परामर्शदाता होते हैं। उनकी प्रमुख भूमिका इस विषय में आपको निर्देशित और प्रेरित करने तक सीमित होती है। सफलता प्राप्ति की सही तकनीक केवल स्वयं तैयार की जा सकती है। आपको सफलता हासिल करने के लिए खुद की बनायी योजना पर कार्य करना होगा।

आप योजना तैयार करते हैं : यह ठीक ही कहा गया है कि योजना बनाने में असफल होना असफलता की योजना बनाना है। असफल होने वाले कुछ लोग कहा करते हैं कि उनके भाग्य में सफलता नहीं है। आपको अपने तरीके से सफलता हासिल करने की योजना बनानी होगी।

आप चुनौतियाँ से पार पाते हैं : सीढ़ी के सबसे ऊपरी हिस्से में कभी भीड़ नहीं होती, लेकिन सफलता का मार्ग चुनौतियों से भरा है। इन चुनौतियों से आपको स्वयं पार पाना होगा। आपको इन चुनौतियों का स्वयं समाधान ढूंढ़ना होगा तथा इन चुनौतियों को अवसरों में परिवर्तित करना होगा।

5. *नियमित समीक्षा करें*

जब भी योजना बनायें तो साथ में समय भी निर्धारित करें, इससे आप अपनी प्रगति की समीक्षा कर सकेंगे। आप नियमित रूप से अपनी प्रगति की समीक्षा करते रहें, इससे आपको योजना में आवश्यक बदलाव करने में सहायता मिलेगी साथ ही यह समझ सकेंगे कि आप लक्ष्य प्राप्ति की सही दिशा में बढ़ रहे हैं। योजना के अनुसार अपनी कार्यों की समीक्षा करने पर, आप देखें कि पथ से विचलित कहाँ हुए हैं। एक बार फिर सही राह पर आने के लिए आपको अपनी योजना में अल्पकालिक बदलाव भी करना पड़ सकता है, या फिर पूरी योजना बदलनी पड़ सकती है यदि आपको ऐसा लगता है कि आपकी योजना सही ढंग से काम नहीं कर रही है।

नियोजन सफलता के मार्ग में एक अनिवार्य पहलू है यदि आप नियोजन में असफल हैं तो समझिए कि असफल होने की योजना बना रहे हैं। चूंकि आज के बदलते संसार में बदलाव एक प्रक्रिया है और नियोजन अपने लक्ष्यों को हासिल करने की प्रक्रिया का ब्लू-प्रिंट है। योजना बनाये बिना लक्ष्यों को प्राप्त करने का प्रयास करना ठीक उसी प्रकार है जैसे स्टियरिंग के बगैर कार को चलाना अर्थात् अपनी दिशा पर नियंत्रण के बगैर सब कुछ हासिल करने का प्रयास करना। नियोजन एक सतत प्रक्रिया है। योजना एक नक्शे की तरह होती है। जब आप कोई योजना बनाते हैं तो आप यह देख सकते हैं कि आपने इस दिशा में कितनी प्रगति की है तथा लक्ष्य से कितना दूर हैं। योजना लक्षित विशिष्टयों की प्राप्ति की दिशा में उठाए जाने वाले कदमों का क्रम होता है। यदि आप प्रभावकारी तरीके से कार्य करें तो लक्ष्य हासिल करने के वास्ते जरूरी समय बचा सकते हैं। प्रभावी होने के लिए विभिन्न स्तरों पर नियोजन करना जरूरी होता है :

रणनीतिक स्तर : इसमें आपको भविष्य की दीर्घावधि की सफलता हासिल करने के लिए दिशा निर्धारित करनी होती है।

प्रचालन स्तर : इस स्तर पर नियोजन का उद्देश्य यह सुनिश्चित करना होता है कि दिन-प्रतिदिन की गतिविधियों की पहचान की जाये और प्रभावी रूप से उनका सफल प्रचालन हो।

अध्याय-3

करियर कंसलटेंट की जरुरत

प्रायः शिक्षा समाप्त करते ही लोग करियर की तलाश में जुट जाते हैं। नये लोगों के लिये करियर का चुनाव करना एक बड़ी समस्या के रूप में उभर कर सामने आता है। वास्तव में देखा जाये तो पूर्व में हमारे देश में अध्ययन किये गये विषय और प्राप्त नौकरी में अधिकतर किसी प्रकार का सम्बन्ध दिखाई नहीं देता था। जो व्यक्ति भौतिक शास्त्र, रसायन शास्त्र, गणित आदि का अध्ययन करता था वही व्यक्ति बैंक में नौकरी कर अकाउन्टिंग का काम करने लगता था। किन्तु अब समय बदल गया है और वर्तमान पीढ़ी करियर के चुनाव के प्रति पहले से ज्यादा जागरूक हो गयी है। करियर का चुनाव करने के लिये स्वयं की रुचि, व्यक्तित्व, पूर्व में किये गये अध्ययन के विषय, कार्य सम्बन्धित मान्यताएँ आदि अनेक बातों का ध्यान रखा जाना चाहिए।

करियर का चुनाव सोच-समझकर करना बहुत आवश्यक है वरना बाद में पछताना पड़ सकता है। किसी भी निश्चय पर पहुँचने के पहले स्वयं का आकलन कर लेना बहुत अच्छा होता है। साथ ही जिस करियर को हम अपनाना चाहते हैं उसका आकलन (जैसे कि वर्तमान में तो यह करियर तो बहुत अच्छी है किन्तु इसका भविष्य क्या है, क्या यह करियर मेरी समस्त या अधिकतम आकांक्षाओं को पूर्ण कर पायेगी आदि) कर लेना भी अति आवश्यक है।

दुर्भाग्य से हमारे शिक्षण संस्थाओं में करियर के चुनाव वाले विषय नहीं होते और इसी कारण से अधिकतर लोग गलत फैसला कर बैठते हैं जिसका परिणाम बाद में पछताना ही होता है। अतः किसी भी निष्कर्ष पर पहुँचने के पहले हर पहलू पर गम्भीरता पूर्वक विचार कर लेना बहुत जरूरी है।

स्वयं का आकलन करने के लिये निम्न बिंदुओं पर अवश्य ध्यान दें:

- **मान** : इसके अन्तर्गत वे वस्तुएँ आती हैं जिनका महत्त्व आपकी नजरों में बहुत अधिक होता है, जैसे कि उपलब्धियाँ, प्रतिष्ठा, स्वत्व आदि।
- **रुचियाँ** : इसके अन्तर्गत आपको आनन्द प्रदान करने वाली वस्तुएँ आती हैं, जैसे कि मित्रों के साथ लिप्त रहना, क्रिकेट खेलना, नाटक में अभिनय करना आदि।
- **व्यक्तित्व** : अलग-अलग लोगों का अलग-अलग व्यक्तित्व होता है जो उनकी विलक्षणता, आवश्यकता, रवैया, व्यवहार आदि का निर्माण करती हैं।
- **अहर्ताएँ** : अलग-अलग व्यक्तियों की अहर्ताएँ या योग्यताएँ भी अलग-अलग होती हैं जैसे कि किसी को लेखन कार्य में आनन्द आता है तो किसी को शिक्षण कार्य या फिर किसी को कम्प्यूटर प्रोग्रामिंग में।

उपरोक्त सभी बातें आप ही स्वयं का प्रतिनिधित्व करते हैं अत: करियर का चुनाव करते समय इनका ध्यान रखना सर्वाधिक महत्त्वपूर्ण है।

1. पहचाने काउंसलिंग का सही समय

शिक्षा के क्षेत्र में 'करियर काउंसलिंग' एक अलग क्षेत्र है। आज स्कूल से लेकर कॉलेज, यूनिवर्सिटीज और बड़े-बड़े संस्थानों तक में करियर काउंसलर की जरूरत पड़ रही है. युवाओं में करियर को लेकर बढ़ते भटकाव को दूर करने में आज करियर काउंसलरों की भूमिका अहम साबित हो रही है. छात्रों के लिए सही मार्गदर्शन की माँग ने करियर काउंसलिंग में नये अवसर पैदा कर दिये हैं. इसी के चलते गीतांजलि कुमार, ऊषा अल्बुकर्क, परवीन मल्होत्रा, राजीव खुराना, जतिन चावला, अशोक सिंह, डॉ अनिल सेठी जैसे नामों को बेहतरीन करियर काउंसलरों के रूप में जाना जाने लगा है।

करियर काउंसलर का काम

एक अच्छा करियर काउंसलर न सिर्फ छात्र को उसके लिए अच्छे करियर का चुनाव करने के बारे में बताता है, बल्कि वह छात्र की क्षमताओं, योग्यता और व्यवहार को परख कर यह भी बताता है कि उसके अंदर कौन-से खास गुण हैं और इन गुणों व क्षमताओं के अनुसार उसके लिए किस क्षेत्र में जाना बेहतर होगा।

करियर काउंसलर यह भी परखता है कि छात्र अंतर्मुखी है या बहिर्मुखी। उसके लिए आगे कौन-सा करियर ज्यादा बेहतर हो सकता है। पूरे वर्ष और खासतौर से परीक्षा के समय विद्यार्थियों में कई तरह की दिक्कतें देखी जाती हैं। जैसे हीन भावना का पैदा होना, अवसाद, नकारात्मक सोच का हावी होना। इन सभी चीजों से उबरने में करियर काउंसलर ही विद्यार्थियों की मदद करता है।

अकसर आप करियर काउंसिलिंग का समय पहचानने में देरी कर देते हैं।

दरअसल, करियर काउंसलिंग का सही समय वह है, जब छात्र आगे की राह चुनने की दहलीज पर होते हैं। इसे आप हाई स्कूल (सेकंडरी) ही मानिए क्योंकि इसके बाद ही छात्र के लिए स्ट्रीम परिवर्तन करने का समय होता है और यही वह समय है, जब उन्हें ठीक मार्गदर्शन की जरूरत होती है। अभिभावक को इसी चरण में बच्चों को करियर सम्बन्धी मार्गदर्शन प्रदान करवाना चाहिए। इससे उसे न सिर्फ सही विषय चुनने में मदद मिलती है, बल्कि वह यह भी जान जाता है कि किन विषयों में उसका रुझान है। अगर 11वीं में सही विषय का चुनाव न किया, तो पूरा करियर ही यू टर्न ले सकता है। प्रोफेशनल काउंसलर मनोवैज्ञानिक तरीके से छात्र से बातचीत करते हैं और मनोवैज्ञानिक या साइकोमेट्रिक टेस्ट के आधार पर छात्र की प्रतिभा को समझते हैं।

काउंसिलिंग का महत्त्वः अभिभावकों को बच्चे की पढ़ाई पर ध्यान तो देना ही चाहिए, जरूरत उन्हें यह समझने की भी है कि बच्चे की विशेष रुचि किन विषयों में है और वह उनमें कैसा प्रदर्शन कर रहा है? यह भी देखना चाहिए कि किन विषयों को पढ़ने में बच्चे का मन नहीं लगता इसके बाद अभिभावक करियर के चुनाव में बच्चे की मदद कर सकते हैं। लेकिन आज की भागदौड़ भरी जिंदगी में अभिभावक बच्चों के लिए कितना वक्त निकाल पाते हैं, यह सबको मालूम है। बच्चे का रिजल्ट भले अभिभावकों को पता हो, लेकिन वे अकसर उसकी पसंद को समझने में चूक कर जाते हैं। सिर्फ किसी विषय में अच्छे नंबर लाना उस विषय में बच्चे के आगे बेहतर की गारंटी नहीं है। अभिभावक के लिए इस बात को समझना बेहद जरूरी है कि इंजीनियरिंग और मेडिकल जैसे क्षेत्रों के प्रति उत्साह का ही यह नतीजा है कि मन मुताबिक पढ़ाई नहीं कर पाने की वजह से बच्चे आजकल तनाव में घिर रहे हैं। यहीं पर बच्चों यानी छात्रों को काउंसिलिंग की जरूरत होती है, ताकि उनके अभिभावक भी उनकी प्रतिभा को पहचान सकें और उसे अपनी पसंद के रास्ते पर बढ़ने की इजाजत दे सकें। यह कतई जरूरी नहीं है कि साइंस में नब्बे या सौ फीसदी अंक लाने वाला छात्र साइंस स्ट्रीम ही पसंद करे। हो सकता है उसकी रुचि गणित में न हो, क्योंकि दसवीं के बाद पढ़ाई का स्तर अचानक ऊँचा हो जाता है और अगर छात्र की रुचि उसमें न हो, तो उसका प्रदर्शन प्रभावित होने लगता है। काउंसिलिंग में इन्हीं बातों को अभिभावक को समझाने की कोशिश की जाती है।

नए क्षेत्रों की जानकारीः काउंसिलिंग का एक सबसे बड़ा फायदा यह भी है कि काउंसलर छात्रों को वैसे विषय या उभरते क्षेत्रों के बारे में भी बताते हैं, जिनसे वे अनजान होते हैं। उन्होने उस फील्ड के बारे में कभी सोचा ही नहीं होता है। काउंसलर्ज मार्केट ट्रेंड (देश-विदेश) के बारे में बताते हैं और इन सबसे ऊपर वे छात्रों को अच्छा इंस्टीच्यूट चुनने में मदद करते हैं। विषय पसंद का होने से वे अपनी पसंद की राह पर बढ़ तो सकते हैं, लेकिन इस गला काट प्रतियोगिता

के जमाने में अच्छे इंस्टीच्यूट का चुनाव करके ही वे दूसरों पर बढ़त ले सकते हैं। आज मैनेजमेंट में कई नए विषय आ गए हैं। इसी तरह लॉ का क्षेत्र बढ़ गया है। फैशन टेक्नोलॉजी का खुमार तो है ही, खेल के क्षेत्र में भी करियर बनाने के बेहतर मौके हैं।

सुधार और कमाई से इस क्षेत्र में क्रिकेट के अलावा नए विकल्प भी उभर कर सामने आये हैं। एक काउंसलर की सलाह यहीं कारगर होती है।

2. करियर का चुनाव कैसे करें?

प्राय: करियर संदर्भ में प्रत्येक व्यक्ति को ट्रस्टी के समान व्यवहार करना चाहिए, क्योंकि किसी व्यक्ति का करियर केवल उसके स्वयं के लिए नहीं है, अपितु यह परिवार, समाज एवं संपूर्ण राष्ट्र के लिए भी उपयोगी है। केवल यहीं तक सीमित नहीं रहना चाहिए कि वह करियर से क्या प्राप्त कर सकता है, बल्कि यह कि वह अपने करियर के जरिए वह क्या योगदान कर सकता है। प्रत्येक व्यक्ति स्वयं अपने करियर का स्वामी है। अन्य लोग तो केवल उसके मार्गदर्शक हो सकते हैं। अच्छे करियर का चयन करने के लिए उसे हमेशा जागरूक होना चाहिए। उसे चाहिए कि वह उपलब्ध अवसरों का हमेशा सर्वेक्षण करे और लोगों से संपर्क बनाये रखे। वह अपनी क्षमताओं को हमेशा सही समय पर प्रदर्शित करें। अपनी रुचियों एवं इच्छाओं के अनुरूप करियर का चयन करें। करियर के चयन में किसी को भी चाहे वह मित्र या परिवार कोई भी हो, उन्हें दोषी नहीं ठहराएँ। भारत प्रगति पथ पर अग्रसर है। अगली सदी में भारत सामाजिक एवं आध्यात्मिक शक्ति बनेगा तथा इसकी संपूर्ण अर्थव्यवस्था भी महत्त्वपूर्ण होगी। अत: समस्त प्रतिभा को राष्ट्र के उत्कर्ष के लिए युवाओं की आवश्यकता है। करियर की विभिन्न क्षेत्रों की माँगों तथा प्रतिस्पर्धा को ध्यान में रखते हुए, भावी छात्रों को चाहिए कि वह अपनी क्षमताओं, रुचियों एवं दुर्बलताओं का आत्मनिरीक्षण करके ही करियर का सही चयन करे।

3. कोचिंग संस्थानों का चयन कैसे करें?

प्रतियोगिता संस्थान से जुड़ने से पहले हमें उस संस्थान का सर्वप्रथम परीक्षा परिणाम देखना चाहिए। वहाँ से शिक्षित हो चुके छात्रों से सही मार्गदर्शन लेना चाहिए। इससे कोचिंग की सही स्थिति के बारे में जानकारी मिलती है। किसी भी कोचिंग के विज्ञापन पर भरोसा नहीं करना चाहिए, क्योंकि कोचिंग एक प्रोफेशन बन चुका है। आजकल किसी भी कोचिंग संस्थान की फीस हजारों के आँकड़ों में होती है। इसके अलावा एक अच्छी कोचिंग के लिए यह भी जरूरी है कि वह शहर से बहुत दूर न हो। अगर दूर भी हो तो आसपास अन्य सुविधाएँ भी हो, जिससे आने-जाने में अधिक समय न लगे।

प्रतियोगिता परीक्षा की तैयारी हेतु आज अधिकतर कोचिंग इंस्टीच्यूट गुणवत्ता

व सफलता की कसौटी पर बेमानी साबित हुए हैं। दरअसल इन कोचिंग इंस्टीच्यूट की बुनियाद वैसे लोग रखते हैं, जो कभी परीक्षाओं में भाग लेते हैं प्रतियोगिता परीक्षाओं का स्तर और उनकी प्रवृति चूँकि सामान्य बोर्ड परीक्षाओं से बिल्कुल अलग होती है, इसलिए उन्हें अपने स्तर पर उत्तीर्ण कर लेना आसान नहीं होता। यह तब आसान हो सकता है, जब उन परीक्षाओं के लिए आपको बेहतर मार्गदर्शन यानी कोचिंग मिल रही हो। इस संदर्भ में हमारे मन में पहला सवाल यही उठता है कि हम आखिर कोचिंग संस्थान का चयन कैसे करें? कोचिंग की गुणवत्ता तथा उसके पूर्ववर्ती छात्रों के प्रदर्शन के बारे में जानकारी हासिल करना अति आवश्यक है। अतएव छात्र कोचिंग संस्थान के चयन के पहले इस बात की ओर भी ध्यान दें।

आज कोचिंग संस्थान 'अध्ययन सामग्री' नाम पर कुछ अच्छी किताबों के महत्त्वपूर्ण अंश चुराकर एकत्रित कर लेते हैं और छात्रों को दे देते हैं। बेचारा छात्र जब विस्तार से गहन अध्ययन करता है तो उसे खुद 'अध्ययन सामग्री' में विभिन्न पुस्तकों के चुराए गए अंशों का ज्ञान हो जाता है, लेकिन तब तक वह कोचिंग वालों के हाथ लुट चुका होता है। इसलिए छात्रों को कोचिंग संस्थान से जुड़ने से पहले पाठ्य सामग्री के बारे में भी विस्तारपूर्वक जानकारी हासिल करनी चाहिए। अत: अविश्वास, ठगी से युक्त और गुणवत्ता से कोसों दूर इन कोचिंग संस्थानों से छात्रों को बचकर रहना चाहिए।

4. *नये विषयों की जानकारी प्राप्त करना आवश्यक*

वर्तमान में हर छात्र की एडमिशन के प्रति सोच बदली हुई लग रही है। वे नौकरी मिलने वाले कोर्स में एडमिशन तो चाहते हैं, लेकिन कम्प्यूटर व आईटी जैसी चीजों से वे दूर हो रहे हैं:

लंबे समय से महानगरों के छात्र इंजीनियरिंग और एमबीबीएस जैसे कोर्स की तरफ आकर्षित होते रहे हैं। इस तरह के कोर्स में एडमिशन पाने के लिए छात्रों पर कट आफॅ मार्क्स लाने का भारी दबाव रहता था। साथ ही अभिभावक भी इसे अपनी प्रतिष्ठा का प्रश्न बना लेते थे। लेकिन अब यह धारणा बदल रही है। ग्लोबल मेल्टडाउन की वजह से आईटी और कम्प्यूटर से जुड़ी नौकरियाँ कम हो रही हैं, तो कम्प्यूटर व इंजीनियरिंग से जुड़े कोर्सेज का आकर्षण भी कम होने लगा है। छात्र परंपरागत सोच से बाहर निकलकर अब नए आयाम तलाश रहे हैं। वे अब जॉब देने वाले कोर्स तलाश रहे हैं। ये वे कोर्स हैं, जो छात्र को सिर्फ नौकरी मिल जाने का विश्वास ही नहीं दिलाते, बल्कि अच्छा पैकेज मिलने का भी मौका देते हैं। इन सारी स्थितियों की वजह से ही शायद नौकरी देने वाले कोर्स के इंस्टीट्यूट मशरूम की तरह उग आए हैं। पहले ऐसे ज्यादातर इंस्टीट्यूट्स सिर्फ कम्प्यूटर कोर्स ही ऑफर करते थे, लेकिन अब ऐसे भी इंस्टीट्यूट हैं, जहाँ से कोर्स खत्म करने पर आपको हैल्थकेयर, मीडिया, बैंकिंग, फाइनांस और एविएशन

सेक्टर में नौकरी मिल सकती है। इन क्षेत्रों में तेजी से बढ़ रही नौकरी में बहाली छात्रों को इनमें आने को प्रेरित करती हैं। इन कोर्सेज के काफी दूरगामी फायदे हैं।

दरअसल, नौकरी के क्षेत्र में भी काफी बदलाव आया है। अब तो आईटी सेक्टर भी थ्री-डी या एनिमेशन प्रोफेशनल्स को नौकरी देने लगे हैं। इसके अलावा, अच्छी बात यह है कि इसके लिए इंजीनियरिंग कॉलेज में एडमिशन पर भी लाखों खर्च करने की जरूरत नहीं है। फिर बड़ी बात यह है कि ग्रेजुएशन के साथ नौकरी देने वाले कोर्स कर चुके प्रत्याशियों को अब तमाम कंपनियाँ ज्यादा तवज्जो देती हैं। बदलते ट्रेंड के बारे में आजकल हर छात्र की पहली प्राथमिकता सैलरी पैकेज हो गयी है, नौकरी में संतोष तो बाद में आता है। छात्रों को ऐसे कोर्स करने चाहिएं, जो उनकी प्रतिभा को और निखारें। इसी से उनका भविष्य संवर सकता है।

5. एप्टीटयूड टेस्ट को कैसे समझें?

प्री-बोर्ड, बोर्ड परीक्षा, प्रवेश परीक्षा और फिर क्लास में होने वाली परीक्षाऐं। अब ऐसे में और परीक्षा कौन देना चाहेगा? शायद कोई नहीं। लेकिन जिंदगी एक कठिन परीक्षा है। सबसे पहले नवीं कक्षा में विषय के चयन को लेकर एप्टीटयूड टेस्ट से गुजरना पड़ता है। इसके बाद पढ़ाई समाप्त करते-करते करियर के चुनाव का दबाव एकदम से बढ़ जाता है। एक के बाद एक परीक्षा के बोझ से छात्र और उसके अभिभावकों का तनाव बढ़ने लगता है। इस समय निर्णय करना कठिन हो जाता है कि क्या करें, कौन-सा क्षेत्र करियर के लिए चुनें? ये स्थितियाँ और दुविधा में डाल देती हैं।

इस समस्या को देखते हुए एक परीक्षा की व्यवस्था बनाई गयी, जिससे युवा होते छात्र अपनी रुचि और योग्यता को ठीक से जान और समझ कर अपनी पढ़ाई और करियर का चुनाव कर सकें। इन परीक्षाओं को एप्टीटयूड टेस्ट के नाम से जाना जाता है। क्या ये परीक्षाएँ सही दिशा का चुनाव करने में सहायता करती हैं? कहीं ये परीक्षाएँ और दुविधा में तो नहीं डाल देती हैं? इसके लिए जानना जरूरी है कि करियर टेस्ट सही दिशा चुनने में कैसे सहायता करते हैं तथा इन्हें कैसे लेना चाहिए?

ज्यादातर युवा होते छात्र काउंसलर से अपने करियर के चयन में दो प्रकार की सहायता चाहते हैं। पहला, जो क्षेत्र आप चुन रहे हैं वह आपके लिए पूरे तौर पर सही साबित हो। दूसरे इस बात का विश्वास हो कि करियर का कोई भी विकल्प अनदेखा नहीं किया गया है। आज तेजी से बदलती दुनिया में जबकि आए दिन नए उद्योग और प्रोफेशन के नए रास्ते सामने आ रहे हों, जिनके बारे में पहले कभी सुना भी न गया हो, तब अपने लिए उपलब्ध सभी विकल्पों की जानकारी बहुत जरूरी हैं। जैसे कि आज से दस साल पहले वेब डिजाइनिंग के क्षेत्र में इतनी अपार संभावनाओं के बारे में सोचा भी नहीं जा सकता था। इसी तरह करियर का

एक अन्य क्षेत्र नैनोटेक्नोलॉजी भी तब इतनी चर्चा में नहीं था। यह आप करियर काउंसलर और एप्टीटयूड टेस्ट के द्वारा ही जान पाते हैं। इस टेस्ट से ही आप अपनी रुचि और योग्यता के अनुसार सही क्षेत्र का चुनाव कर पायेंगे।

करियर टेस्ट कैसे काम करता है?

हर प्रकार के करियर टेस्ट करीब-करीब एक समान नियमों पर आधारित होते हैं। वे आपकी रुचि और योग्यता को अलग-अलग क्षेत्रों से जोड़ कर ही यह निष्कर्ष निकालते हैं कि कौन-सा क्षेत्र आपके लिए सर्वाधिक उपयोगी होगा। हर क्षेत्र अलग वर्गों में इस आधार पर बाँटा गया है कि भिन्न क्षेत्रों के सफल लोगों की रुचियाँ क्या हैं तथा वे अपने-अपने क्षेत्र में क्यों, कैसे और कितने संतुष्ट हैं। यही वजह है कि करियर टेस्ट आपकी रुचि के अनुरूप करियर का चयन करने में सहायता करता है

जहाँ लोगों की भी समान रुचि हो और वे सफल भी हों। वास्तव में यह सही होता भी है, पर यह भी सच है कि :

1. एक तरह का करियर कई तरह की रुचि रखने वालों को माफिक आ सकता है। जैसे सी.ए. करने वाले को कला का शौक हो सकता है और एक कलाप्रेमी बेहतर बहीखाते संभाल सकता है।
2. किसी भी व्यक्ति की रुचि, शौक और चारित्रिक विशेषताएँ करियर के भिन्न क्षेत्रों के लिए लाभदायक हो सकती हैं।
3. यह स्वाभाविक है कि आप नहीं जान सकते कि किसी भी प्रोफेशन के बारे में जो जानकारी उपलब्ध है वह कितनी सही है, नई जानकारियों को रखने वाला और उपयोगी है?
4. यह भी समस्या है कि आपको नहीं पता कि कौन-सा टेस्ट आपके लिए सही रहेगा। जैसे सामान्य ज्ञान का टेस्ट आपकी सफलता के लिए कुछ हद तक उपयोगी साबित होगा। इसका सीधा मतलब है कि आपका सामान्य ज्ञान शैक्षिक योग्यता के लिए सही हो सकता है, लेकिन करियर के किसी क्षेत्र के चुनाव के लिए नहीं। यह भी ध्यान रखें कि टेस्ट देने की जगह आपको अपने अभिभावकों के क्षेत्र से जो अनुभव मिलेगा वह लाभदायक होगा। जैसे अभिभावक के वकील या डॉक्टर होने का फायदा उसके बच्चों को मिलेगा ही। एक बार जब आप यह जान जाते हैं कि ये करियर टेस्ट अंकों के प्रतिशत और योग पर आधारित हैं तो आप उसके परिणामों को आखिरी मंत्र मान जाप नहीं कर सकते। ये टेस्ट आपको व्यापक दृष्टि प्रदान करते हैं जिससे आपके सोचने और निर्णय लेने का दायरा बड़ा हो सके। ये टेस्ट आपको उस क्षेत्र को चुनने में मदद करेंगे, जिसमें अनेक संभावनाएँ हों। इससे विषयगत जानकारी व आवश्यक सूचनाओं को आप जान पायेंगे और अपने करियर की सही तौर पर योजना बना पायेंगे।

सफल करियर केवल टेस्ट नहीं

सफलतापूर्वक पढ़ाई करने और करियर की योजना बनाने का मुख्य सूत्र यह है कि आप पहले अपने को पहचानें, यह जानें कि आपको करियर के क्षेत्रों की कितनी ताजा जानकारी है? इसके लिए किसी अच्छे करियर काउंसलर से संपर्क कर सकते हैं। अच्छा और सही परीक्षण विश्वसनीय काउंसलर द्वारा ही हो पायेगा। इससे आप अपने भविष्य की बेहतर और उपयोगी जानकारियां पाकर लाभान्वित होंगे। एक अच्छे काउंसलर के पास ही इस बात की जानकारी हो सकती है कि हमारे देश में किसी क्षेत्र में कितना विकास हो रहा है। संसार के अन्य देशों की तुलना में हमारे देश की विकास की दर क्या है। अन्य देशों की तुलना में हमारे यहाँ योग्य युवाओं की संख्या कहीं अधिक है। लेकिन यह भी सच है कि भारत की तुलना में यू.एस. और यू.के. में उसी काम का दस गुना ज्यादा वेतन मिलता है। इसी आधार पर अमेरिकन कंपनियाँ अपने कार्यों का आउटसोर्सिंग कर भारतीय युवाओं की योग्यता का इस्तेमाल कर रही हैं। इनमें कॉल सेंटरों का बूम इसका ही एक नतीजा है।

इसलिए यह बात हमेशा ध्यान में रखें कि करियर की सही योजना केवल टेस्ट के जरिये नहीं बनाई जा सकती। यह सिर्फ आपकी रुचियों और आपके व्यक्तित्व के मेल आपके अध्ययन क्षेत्र के आधार पर उपलब्ध विकल्पों से अवगत करा सकते हैं। बेहतर होगा कि इसके लिए एक अनुभवी एवं संवेदनशील काउंसलर का दिशा निर्देशन लें। साथ ही यह भी समझें कि अंतिम तौर पर निर्णय आपको लेना है। आपकी इच्छा और लक्ष्य पूरी तरह स्पष्ट होने चाहिए। इसके सामने सभी टेस्ट बेमानी हैं।

6. बेहतर करियर के लिए रोज सीखें

आज की प्रतिस्पर्द्धा भरी दुनिया में करियर में आगे रहने के लिए कड़ी मेहनत करनी होती है। आगे बढ़ने के लिए आपको लगातार सीखने और व्यक्तित्व विकास की जरूरत पड़ती है। इन्हीं के जरिये आप अपने करियर या नौकरी में शीर्ष पर बने रह सकते हैं। आइए देखते हैं कि किन उपायों के जरिये आप करियर में औरों से आगे रह सकते हैं और शीर्ष पर पहुँचने की क्षमता कैसे विकसित कर सकते हैं।

गलाकाट प्रतिस्पर्द्धा के दौर में केवल वही शख्स आगे रह सकता है जो ज्ञान में भी आगे हो। जाहिर है इसके लिए पढ़ाई जरूरी है। इसलिए हर दिन समय निकाल कर एक घंटा जरूर पढ़ें। अगर आप रोजाना एक घंटा पढ़ते हैं तो एक सप्ताह में एक किताब खत्म कर सकते हैं और इस तरह एक साल में आप 50 किताब तक पहुँच सकते हैं। अगर आप किसी क्षेत्र के बारे में रोजाना एक घंटा पढ़ते हैं तो साल के अंत में इसके विशेषज्ञ बन सकते हैं।

कहा जाता है कि हर लीडर एक रीडर होता है। कहने का मतलब यह है शीर्ष पर काम करने वाले गहन अध्ययन करने वाले होते हैं।

पढ़ाई के मामले में भी आप चुनाव कर सकते हैं। आप अपने विषय से जुड़ी पत्रिकाओं और जर्नल पर ध्यान केंद्रित करें. आपके काम से जुड़ी जितनी भी पत्र-पत्रिकाएं निकलती हैं। उन्हें छान डालें। देखियेगा, इससे आपके ज्ञान में कितनी सकारात्मक बढ़ोतरी होती है। कुछ रुपये के निवेश से आपको अपनी प्रतिस्पर्द्धी क्षमता में जबरदस्त इजाफा देखने को मिलेगा। कभी-कभी किसी विशेषज्ञ का एक बेहतरीन लेख आपको अपने काम से जुड़ी बड़ी दृष्टि दे सकता है। अगर आप बिजनेस पत्रकारिता में सक्रिय हैं तो फोर्ब्स, फॉरच्यून, बिजनेस वीक, वॉल स्ट्रीट जर्नल जैसी पत्रिकाएं काम आ सकती हैं।

इसके अलावा आपको सीखने पर लगातार निवेश करना चाहिए। कहा जाता है कि किसी भी प्रोफेशनल को अपनी कमाई का तीन फीसदी अपने ज्ञान के विस्तार पर खर्च करना चाहिए और यह प्रक्रिया लगातार चलनी चाहिए।

इससे आपका व्यवसायिक और व्यक्तिगत विकास दोनों होगा। इसके लिए किसी भी अच्छी पत्रिका के ग्राहक बन जाइए।

हर उस किताब में निवेश करें जो आपका ज्ञान बढ़ाने में सहायक साबित होगा। इस सेक्टर से जुड़ी सीडी, वीडियो और पत्रिकाओं का सहारा लें। अपने काम से जुड़े ट्रेनिंग और सेमिनार सत्रों में हिस्सा लें। विशेषज्ञों का कहना है कि अगर आप अपनी आय का तीन फीसदी अपने करियर पर निवेश करते हैं तो इसके रिटर्न के बारे में आप सोच भी नहीं सकते। यह चीज आपको हमेशा मदद करेगी। इन कवायदों के अलावा आपको अपने व्यक्तिगत विकास पर ध्यान देना चाहिए। संवाद की शैली, शिष्टाचार, शब्दों का सही चयन आदि से आप अपने व्यक्तित्व में व्यापक निखार ला सकते हैं।

इसके साथ ही आपको एक और चीज आजमानी चाहिए और यह है, स्पीड रीडिंग। तेजी से पढ़कर आप काफी समय बचा सकते हैं और अपने ज्ञान में इजाफा कर सकते हैं। वैज्ञानिकों ने साबित कर दिया है कि स्पीड रीडिंग चीजों को बेहतर और तेजी से समझने में काफी मददगार है। कहने का मतलब यह है कि अगर करियर में ऊँचा मुकाम पाना है हर दिन सीखने की आदत बनाये रखें। अगर आप जीवन में निरंतर सीखने की प्रक्रिया अपनाते हैं तो करियर में पीछे नहीं रहेंगे।

7. खुद को कमतर ना आँकिए

कई बार ऐसा होता है कि छात्र दूसरों की विचार धारणा के आधार पर अपने बारे में गलत राय बना लेते हैं। इसी कारण वे न तो पढ़ाई पर ध्यान लगा पाते हैं और न ही लक्ष्य प्राप्त कर पाते हैं। उन्हें लगता कि उनमें कुछ भी अच्छा नहीं है और हीनभावना से ग्रस्त हो जाते हैं।

याद रखिए जो कामयाब हैं वे इसलिए कि वे अपने को किसी से कम नहीं आँकते। वे हमेशा बेहतर चीजों पर ध्यान लगाकर अपना आत्मविश्वास बढ़ाते रहते

हैं और अपने व्यक्तित्व को चमकाते रहते हैं। इसलिए अपने भीतर झाँकिए और दूसरों से अपने को बिलकुल कम मत आँकिए।

कई छात्र इस परेशानी से जूझते दिखाई देते हैं कि न तो उनका शारीरिक गठन अच्छा है, न उनकी चाल। न उनकी आवाज अच्छी है न एटिटयूड। वे दूसरों की राय पर अपने बारे में ऐसी धारणा बना लेते हैं और परेशान रहते हैं। वे जब भी आईना देखते हैं हमेशा अपने से नाखुश रहते हैं। वे अपनी पढ़ाई, करियर और जीवन से नाखुश रहते हैं। इसलिए वे कोशिश करते हैं कि वे कुछ और हो जायें।

याद रखिए कामयाब होने की पहली सीढ़ी है अपने को स्वीकार करना, अपने को प्यार करना और अपनी गलतियों को भूला देना। इसी से आप अपने व्यक्तित्व को विकसित कर सकते हैं। इसकी आज से ही शुरुआत कर दीजिए।

८. क्यों है जरूरी करियर की योजना?

दुनिया बड़ी तेजी से बदल रही है और प्रतिस्पर्धा जबरदस्त है, इसलिए करियर की सही तरीके से योजना बनाने वाला छात्र ही आगे निकल पाता है। अब प्रोफेशनल कोर्स करियर को नई ऊँचाई दे रहे हैं। इसमें सफलता के लिए योजना की अहम भूमिका हो गयी है। सही योजना लक्ष्य निर्धारित करने और उसे हासिल करने में बहुत मददगार होती है।

कैसे बनायें योजना?

नई पीढ़ी का नारा है-इन्फॉर्मेशन इज पॉवर। न्यूजपेपर, मैगजीन, रेडियो, टीवी और इंटरनेट-इन सभी माध्यमों से प्राप्त जानकारियों को आधार बनाकर करियर की योजना बना सकते हैं। करियर की योजना के दौरान छात्र खुद की क्षमता और रुचि को सामने रखें, फिर सम्बन्धित क्षेत्रों में संभावनाओं के बारे में पता करें। इसके बाद निर्णय लेने की बारी आती है और अंत में जब लक्ष्य तय हो जाये, तब उस पर डटे रहना जरूरी है। अपने अंदर की आवाज को सुनने की कोशिश करनी चाहिए। इसके लिए आत्मआकलन जरूरी है। हर छात्र के अंदर कुछ खूबियाँ और कुछ खामियाँ होती हैं।

इसलिए अपनी ताकत और कमजोरी दोनों को ध्यान में रखते हुए लक्ष्य तय करना चाहिए। कुछ छात्र अपनी क्षमता को ध्यान में नहीं रखते हुए बहुत बड़ी महत्त्वाकांक्षा पाल लेते हैं, जिसका अंत अच्छा नहीं होता। बड़ा लक्ष्य जरूर रखना चाहिए, लेकिन अपनी क्षमताओं और सीमाओं का सही मूल्यांकन भी जरूरी है।

8 से 14 वर्ष के आयु वर्ग से शुरुआत

8 से 14 वर्ष के आयुवर्ग के बच्चों का दिमाग बिल्कुल कोमल होता है। ऐसे बच्चों पर किसी भी चीज का शीघ्र प्रभाव पडता है। इन्हें किसी भी तरफ उनकी रुचि के अनुसार मोड़ा जा सकता है। यह कार्य माली की भूमिका में एक अभिभावक अच्छी तरह निभा सकता है।

अभिभावकों की महत्त्वपूर्ण भूमिका

अभिभावक का दायित्व है कि बच्चे का पढ़ाई में ध्यान केन्द्रित करके लक्ष्य की ओर ले जायें। यदि बच्चा गणित में तेज है तो बेहतर होगा उसे गणित में करियर बनाने के लिए प्रेरित करें। बच्चे को बेहतर पढ़ाई का तरीका, डाइट को संतुलित रखना, खेलकूद यानि आउटडोर ऐक्टिविटीज के बारे में जानकारी देना, उसे उर्वराशक्ति प्रदान करने जैसा है। बच्चे को केवल प्रेरित करें, उस पर अपनी रुचि न थोपें तो बेहतर होगा। कभी यह न सोंचे कि डॉक्टर, इंजीनियर या आईएएस, मैनेजमेंट की पढ़ाई ही महत्त्वपूर्ण हैं। अपने बच्चे की रुचि एवं क्षमता के अनुसार विकल्पों पर ध्यान केंद्रित कर उसके उज्ज्वल करियर के लिए आकर्षक विकल्प को चुनें।

इसमें काउंसलर आपके बच्चे के प्रोफेशन चयन में सहायता कर सकते हैं। यदि आपका बच्चा किसी विषय में बहुत तेज है और आप उसे उसी विषय में आगे देखना चाहते हैं, तो उस क्षेत्र से सम्बन्धित सारे विकल्प उन्हें बतायें और आगे बढ़ने के लिए प्रेरित करें, ताकि वह और मेहनत करे। कहने का आशय यह है कि यदि उसे हॉकी खेलना पसंद है तो उसके सचिन तेंदुलकर बनने का सपना कतई न देखें। यदि बच्चा इंजीनियर बनना चाहता है तो अभिभावक को आईआईटी-जेईई जैसी परीक्षाओं की जानकारी जरूरी है।

शिक्षक की भूमिका

अब सीबीएससी पैटर्न ही करियर आधारित हो गया है, जिसमें छात्रों की संपूर्ण कार्यकलापों का समावेश है। शिक्षक उसकी सक्रियता को ध्यान में रखकर यदि उनके अंदर छुपी प्रतिभा को निखारें, तो 8 से 14 वर्ष के आयु वर्ग के बच्चे बेहतर स्थिति में होंगे।

कहने का आशय यह है कि इस आयु वर्ग के प्रति अभिभावक, शिक्षक और सहपाठी का निःस्वार्थ लगाव होना चाहिए, तभी प्रतिभाएँ निखरेंगी। 8 से 14 वर्ष के आयु वर्ग के बच्चों में संभावनाएँ दिखने लगती हैं। कुछ बच्चे गणित में तेज होते हैं, तो कुछ खेल या फिर अन्य विधा में प्रवीण।

यदि बच्चे की प्रतिभा पहचानकर उसे उसी क्षेत्र में आगे बढ़ने का मौका दिया जाये तो वह निश्चित ही सफल होगा। यदि बच्चे की सम्बन्धित विषय में पकड़ है, तो राष्ट्रीय और अंतरराष्ट्रीय स्तर पर आयोजित परीक्षा जैसे कि ओलंपियाड आदि में भी भेज सकते हैं।

अन्य गतिविधियाँ

इस उम्र में इसका महत्त्वपूर्ण योगदान होता है। आजकल स्कूलों में अनेक तरह के सांस्कृतिक और मनोरंजक कार्यक्रम होते हैं, जिनमें विभिन्न स्कूलों के छात्र भाग लेते हैं और पुरस्कार जीतते हैं। यदि आपके बच्चे की इसमें रुचि है, तो उसे प्रोत्साहित करके आगे बढ़ने के लिए प्रेरित करें। करियर की योजना में उन

गतिविधियों की भी समीक्षा करना जरूरी है, जो छात्र कोई कार्य न होने पर करते हैं। यह बात कुछ अटपटी लग सकती है कि नॉन-वर्क एक्टिविटीज पर करियर प्लानिंग के दौरान क्यों विचार किया जाये, मगर ऐसा नहीं है। कई बार छात्रों की हॉबी उनके भविष्य के करियर की राह के बारे में काफी कुछ तय कर सकती है।

दसवीं के छात्र और योजना

करियर प्लानिंग का सबसे उचित समय 10 वीं कक्षा पास करने के बाद माना जाने लगा है। करियर प्लानिंग के लिए किसी अनुभवी करियर काउंसलर का मार्गदर्शन उपयोगी होता है। यह जरूरी है कि छात्रों की अभिरुचि, दक्षता और क्षमता का मूल्यांकन करके 10 वीं के बाद उपयुक्त विषय चयन कर उसे आगे बढ़ने के लिए प्रोत्साहित किया जाये। ऐसा होने पर विद्यार्थी अपनी पूरी शक्ति और परिश्रम से निर्धारित करियर की डगर पर आगे बढ़ पाते हैं। यदि छात्रों को मालूम हो कि कौन-से कोर्स करियर को ऊँचाईयाँ देने वाले हैं, कौन सी शिक्षण संस्थाएँ वास्तव में श्रेष्ठ है, प्रगति के लिए कौन-सी योग्यता और विशेषता जरूरी है, तो निश्चित रूप से उनका परिश्रम और समय का सार्थक उपयोग हो पायेगा। सामान्यत: हाईस्कूल स्तर की 10 वीं कक्षा के बाद 11वीं में प्रवेश के समय प्रमुख रूप से पाँच विषयों में से किसी एक विषय को चुना जाता है। ये विषय है गणित, जीव विज्ञान, वाणिज्य, कला तथा कृषि। इन मूल विषयों में से किसी एक विषय को चुनने के साथ-साथ कोई एक अतिरिक्त विषय भी लेने की व्यवस्था कई हायर सेकंडरी स्कूलों में उपलब्ध है। जैसे कॉमर्स विथ मैथ्स, बायोलॉजी विथ बायोटेक्नोलॉजी, मैथ्स विथ फिजिकल एजुकेशन आदि उपयुक्त विषय चुनकर उनकी पढ़ाई के साथ-साथ दो वर्षों तक छात्र प्रवेश परीक्षाओं की तैयारी कर सकते हैं, जिसमें उसे 12वीं के बाद सम्मिलित होना है। यदि छात्र औसत योग्यता का है या फिर उसे पारिवारिक परिस्थिति के कारण जल्दी धनार्जन करना आवश्यक है, तो उसे 10 वीं के बाद ऐसे कोर्स चुनने चाहिए, जो उसका व्यावसायिक कौशल बढ़ाकर उसे रोजगार दिला सके।

10+2 के छात्रों का मार्गदर्शन

बाहरवीं में पहुँचने पर छात्र अपनी चयनित फील्ड के अनुसार बोर्ड परीक्षा की तैयारी के साथ उसकी तैयारी भी करे। यदि स्टूडेंट ने इंजीनियरिंग क्षेत्र का चयन किया है तो आईआईटी-जेईई, एआईईईई तथा स्टेट लेवॅल इंजीनियरिंग प्रवेश परीक्षाओं की तैयारी कर सकते हैं। सारा पाठ्यक्रम इंटरमीडिएट स्तर का होता है। इसी प्रकार यदि मेडिकल, सीए, सीएस, मैनेजमेंट करने का मन बनाया है तो उसी के अनुरूप अपनी पढ़ाई को आगे बढ़ायें तो बेहतर होगा।

नौकरी या पढ़ाई

छात्र अपनी रुचि के मुताबिक विषय चयन करता है तो कामयाबी की इबारत लिख

सकता है। 10वीं में पढ़ाई के दौरान छात्रों को पूर्व में लिए गए निर्णय में अडिग रहने की जरूरत होती है। अभिभावकों को चाहिए कि जिस क्षेत्र में जाने का छात्र ने मन बनाया है, उस क्षेत्र में करियर के सम्बन्ध एवं विकल्पों के बारे में जरूर बतायें। व्यवस्थित पढ़ाई के लिए उसे उसका संकल्प ध्यान दिलाते रहें और पढ़ाई के प्रति प्रेरित करते रहें। यदि योजना के तहत आपका बच्चा आगे बढ़ रहा है, तो सही है अन्यथा उसके लिए फिर से करियर की योजना बनाने का यही उचित समय है।

10+2 के परीक्षा समाप्त होने के बाद छात्र स्ट्रीम चयन को लेकर असमंजस की स्थिति में रहते हैं। उनके समक्ष यह भी दुविधा रहती है कि वह ग्रेजुएशन करे या फिर प्रोफेशनल कोर्स। यदि पहले से लक्ष्य निर्धारित होता है, तो उसे आगे बढ़ने में अधिक परेशानी नहीं होती है।

टीचिंग, लॉ जैसे तमाम कोर्स करियर के रूप में चुने जा सकता हैं। जो छात्र अधिक प्रतिभाशाली हैं, उन्हें उपयुक्त स्नातक और स्नातकोत्तर कोर्स की ओर बढ़ना चाहिए। कला के छात्रों के लिए अर्थशास्त्र हिंदी, अंग्रेजी, भूगोल, विधि, समाजशास्त्र, राजनीति विज्ञान, मनोविज्ञान आदि मानविकी विषयों में करियर होते हैं। कॉमर्स के छात्रों के लिए वित्त, बैकिंग, सीए, सीएम, सीएफए, कास्ट एकाउंटेंसी, बीमा, विपणन, विदेश व्यापार आदि में करियर होते हैं। इतना ही नहीं गणित, रसायन और भौतिक शास्त्र में विशेषज्ञता किए जाने पर करियर की आपार संभावनाएँ भी बढ़ जाती है। करियर को निर्धारित करते समय पहली करियर प्राथमिकता के साथ-साथ करियर की दूसरी प्राथमिकता के बारे में भी जानकारी होनी चाहिए। इस संदर्भ में स्वरोजगार, कृषि, तकनीकी, पैरामेडिकल, कंप्यूटर और कॉमर्स इत्यादि क्षेत्रों में ऐसे कई रोजगार उपलब्ध हैं, जो छोटे-छोटे डिप्लोमा करने के बाद शुरू किए जा सकते हैं।

स्नातक के छात्र

इस समय छात्रों को खुद निर्णय लेना होता है। अभिभावकों या शिक्षक की भूमिका गौण हो जाती है। कला, वाणिज्य या विज्ञान चाहें किसी भी स्ट्रीम से छात्र स्नातक कर रहे हैं तो पूर्व योजना को ध्यान में रखते हुए पढ़ाई करें। प्रथम वर्ष से ही यदि सिलेबस का गहन अध्ययन करेंगे तो तृतीय वर्ष तक पाठ्यक्रम पर अच्छी पकड़ बना लेंगे। यदि वे सिविल सेवा परीक्षा में जाना चाहते हैं, तो पहले ही वैकल्पिक विषय का चयन कर लें और उसी के अनुरूप पढ़ाई की तैयारी करें। यदि शिक्षण कार्य को करियर बनाने को सोचा है, तो वे इसके लिए भी तैयारी कर सकते हैं। स्नातक के बाद आप सिविल सेवा, डिफेंस सर्विस, एमबीए, इंजीनियरिंग, मेडिकल आदि क्षेत्रों में करियर बनाने के साथ आगे की पढ़ाई कर सकते हैं।

आत्म आकलन औजार है उपयोगी

कोई भी करियर चुनने से पहले छात्र अपना मूल्यांकन, रुचि और योग्यता के बारे में जानें। साथ ही अपने व्यक्तित्व के गुणों की पहचान भी करें।

इससे वे आसानी से ये जान पायेंगे कि कैसा और किस क्षेत्र का करियर उनके लिए सही रहेगा और कौन-सा गलत। इसके लिए वे आत्म आकलन औजार जैसे करियर टेस्ट का भी इस्तेमाल कर सकते हैं, जो इंटरनेट पर आसानी से मिल जाते हैं।

दूरदृष्टि जरूरी

करियर की योजना का सबसे महत्त्वपूर्ण भाग छात्र की दृष्टि होती है। यह जानना बेहद जरूरी है कि आप क्या बनना चाहते हैं और असल में क्या हासिल करना चाहते हैं। एक दूरदृष्टि जरूरी होना बहुत जरूरी है, पर यह भी इतना ही जरूरी है कि आप अपने छोटे लक्ष्यों का दूरदृष्टि के हिसाब से ही निर्णय करें। सही करियर योजना के साथ-साथ यह भी जरूरी है कि इसे सही वक्त पर योजना बनाई जाये। जीवन में जल्दी करियर की योजना बनाना सही साबित होता है। इससे छात्रों के पास योजना को अनुसरण करने के लिए काफी समय होता है। इस प्रक्रिया में आप ज्यादा से ज्यादा सीख सकते हैं और अपने करियर से जुड़ी बारीकियों को समझ सकते हैं।

किन बातों का रखें ध्यान

करियर योजना बनाते हुए अपने क्षेत्र से जुड़ी सभी छोटी-बड़ी बातों का पूरा ध्यान रखना चाहिए। नौकरी से जुड़ी सारी जानकारी और जरूरतों को समझना, उस क्षेत्र से जुड़े आधुनिक बदलाव, अवसरों आदि के बारे में सही समझ किसी को शिखर की सफलता दिला सकती है। परिवर्तन जिंदगी का अंग है। जिंदगी में सब कुछ बदलता है, हमारी पसंद और नापसंद भी। जो काम हमें दो साल पहले करना पसंद था, वह कार्य अब आपको उतनी खुशी नहीं देता। इसलिए इन बातों पर विचार करने के लिए पूरा समय लें, और अपनी सबसे अधिक पसंदीदा व नापसंद चीजों की सूची तैयार करें।

अब इस सूची का विवेचन अपने वर्तमान में करें। अगर करियर आपकी पसंदीदा चीजों की सूची में आता है, तो आप सही राह पर चल रहे हैं।

अगर, आपकी नौकरी से जुड़े कार्यकलाप नापसंद चीजों की सूची में आते हैं तो फिर से योजना बनाने की जरूरत है।

योग्यता परखकर करियर का चयन

अपनी योग्यता को अच्छी तरह परखकर करियर का चयन करें। इस बात का ध्यान रखें कि जिस क्षेत्र का चुनाव आपने किया है, उसमें विकल्प जरूरी है। आठवीं का छात्र अपने भविष्य के बारे में सोच सकता है। बस जरूरत है उसमें छुपी प्रतिभा को पहचान कर प्रोत्साहन देने के साथ दिशा देने की। इस तरह पहचान सकते हैं स्किल्स..

रचनात्मक सोच

- क्रिटिकल थिंकिंग
- इफेक्टिव कम्युनिकेशन
- सेल्फ एवेयरनेस

- डिसीजन मेकिंग एबिलिटी
- प्रॉब्लम साल्विंग कैपिसिटी

यदि यह खूबियाँ छात्र में है तो वह किसी भी सीढ़ी को आसानी से चढ़ सकता है। इस बात को और ज्यादा साफ तरीके से समझने के लिए निम्न प्रश्न तालिका को परखा जा सकता है ।

1. **किसी भी कार्य को करने से पूर्व**-

   अ : जो भी काम मिले, कर लेते हैं-ज्यादा सोच-विचार नहीं करते

   ब : काम करने से पहले बहुत सोचते हैं

2. **कार्य सम्बन्धी आपका नजरिया है**-

   अ : कई प्रोजेक्ट्स में एकसाथ काम

   ब : एक-दो प्रोजेक्ट्स में गंभीरता से काम

3. **आपका स्वभाव कुछ ऐसा है**-

   अ : बोलते ज्यादा हैं, सुनते कम हैं

   ब : सुनते ज्यादा हैं, बोलते कम हैं

4. **खुद के बारे में आपकी राय है**-

   अ : आम इनसान हैं, सबके जैसे हैं

   ब : खास और साहित्यिक रुचि के हैं

5. **जिंदगी का लक्ष्य क्या है**

   अ : जैसे जिंदगी चलाए, चलेंगे

   ब : खास लक्ष्यों पर काम करेंगे

6. **आप कितने व्यावहारिक हैं**

   अ : सपने देखना फितरत है

   ब : कल्पनाओं से ज्यादा हकीकत में यकीन रखते हैं

7. **भविष्य को लेकर क्या सोचते हैं**

   अ : कभी-कभी चिंतित होते हैं कि आगे क्या होगा

   ब : बस वर्तमान में जीते हैं

9. **नए प्रोजेक्ट में काम करते समय**-

   अ : हड़बड़ी और जल्दबाजी में रहते हैं

   ब : शांति से उसका प्रारूप तैयार करते हैं और अपनी टीम के साथ विमर्श करते हैं।

10. **नए विचारों के प्रति आपकी सोच**

    अ : तभी मानते हैं, जब व्यावहारिक हों

    ब : नई चीजों के प्रति जिज्ञासु रहते हैं

11. जीवन में क्या है महत्त्वपूर्ण-

अ : सम्बन्ध, सुख-समृद्धि और प्रसिद्धि

ब : ज्ञान, रचनात्मकता और सुकून

12. आपको कोई कार्य सौंपा जाये तो

अ : मुख्य जिम्मेदारी लेना पसंद करेंगे

ब : पर्दे के पीछे रहकर शांति से करेंगे

13. किस आधार पर फैसले लेते हैं?

अ : जो सही लगता है, करते हैं

ब : सोच-समझकर, सतर्कता के साथ

14. समय के कितने पाबंद हैं-

अ : आमतौर पर देर होती है

ब : पाबंद हैं, हमेशा समय पर पहुँचते हैं

15. दूसरों के बारे में आपका नजरिया-

अ : अच्छे कार्यों की सराहना करते हैं

ब : जल्दी तारीफ नहीं कर पाते, कई बार तो कटु आलोचक तक हो जाते हैं

16. आपकी भावनाओं का प्रभाव

अ : कार्य पर हावी होती हैं भावनाएँ

ब : भावनाएँ आसानी से छिपा लेते हैं

17. किसे ज्यादा प्राथमिकता देते हैं

अ : सच्चाई और व्यावहारिकता दोनों को

ब : व्यावहारिकता से पहले सच्चाई को

18. दफ्तर में आपकी स्थिति कैसी है?

अ : हर बात की खबर रखते हैं, लगभग हर कर्मचारी को जानते हैं

ब : सहकर्मियों तक सीमित है, ऑफिस की जानकारियाँ काफी देर से मिलती हैं

19. अगर आपसे कोई सवाल पूछा जाये

अ : शीघ्रता से और विस्तृत जवाब देते हैं

ब : पहले सोचते हैं, फिर जवाब देते हैं

20. आपके व्यवहार की खूबी

अ : सबको दोस्त बना लेते हैं

ब : सबसे निकटता नहीं हो पाती

21. फैसलों का आधार क्या होना चाहिए

अ : तर्क और न्याय

ब : सहानुभूति, स्थिति

22. जिंदगी का फलसफा

अ : क्यों करें रोज काम-कभी तो मिले हमें भी आराम

ब : आराम है हराम

23. काम में आपकी पसंद-

अ : लचीला माहौल और जल्दी निपट जाने वाले कार्य

ब : योजनाबद्ध-व्यवस्थित कार्य

24. विपरीत स्थिति में आपकी प्रतिक्रिया

अ : स्थिति के अनुसार खुद को ढालते हैं

ब : हरसंभव कोशिश करते है कि स्थिति को बदल सकें

25. कोई नया आइडिया आए तो-

अ : करीबी-भरोसेमंद लोगों को बताते हैं

ब : किसी के भी साथ उसे शेयर कर सकते हैं

26 जीवन के प्रति आपकी सोच

अ : संभावनाएँ हैं, उन्हें तलाशें

ब : वास्तविकता को नजरअंदाज न करें।

क्या है करियर एप्टीटयूड टेस्ट?

करियर एप्टीटयूड टेस्ट प्रश्नों की एक श्रृंखला है, जिसमें रुचियों, कार्यशैली, संवाद क्षमता, योग्यता पर आधारित सवाल पूछे जाते हैं। इसमें कुछ इस तरह की परीक्षाएँ होती हैं-

मानसिक योग्यता परीक्षा

इसमें व्यक्ति की विवेचनात्मक विचार योग्यता का परीक्षण होता है। मसलन, समस्या सुलझाने, संख्यात्मक तर्क क्षमता या गणितीय दृष्टिकोण और स्मरणशक्ति का परीक्षण होता है।

कार्य अनुरूपता परीक्षा

यह परीक्षा कार्य सम्बन्धी समस्याओं के लिहाज से ली जाती है। जैसे प्रोग्रामर पद के लिए व्यक्ति को बैंक स्टेटमेंट प्रोग्राम के लिए प्रोग्राम रीजनिंग करने को कहा जा सकता है।

विशेष योग्यता परीक्षा

कई विशेष पदों के लिए खास क्षेत्रों में विशेष योग्यता परीक्षण किया जाता है। इनमें विस्तृत प्रश्न पूछे जाते हैं।

कंप्यूटर या इंजीनियरिंग क्षेत्र में तकनीकी ज्ञान जाँचने के लिए यह परीक्षा ली जाती है।

व्यक्तित्व परीक्षा

इसमें देखा जाता है कि व्यक्ति कंपनी की जरूरतों के हिसाब से काम कर सकता है या नहीं। सवाल कुछ ऐसे होते हैं-आप पतंग उड़ाना पसंद करेंगे या कविता पढ़ना?, पुस्तक पढ़ना पसंद करेंगे या एयरोप्लेन उड़ाना?

ईमानदारी परीक्षा

संवेदनशील क्षेत्रों, गुप्त विभागों या व्यापारिक क्षेत्रों के लिए ऐसी परीक्षाएं ली जाती हैं। जैसे क्या आप कविता के बजाय शतरंज खेलना पसंद करेंगे?, क्या शतरंज के बजाय कविता पसंद करेंगे? कई बार ऐसे सवाल पूछे जाते हैं, क्या आपने कभी झूठ बोला? परीक्षा से पूर्व मानसिक-शारीरिक तौर पर तैयारी अनिवार्य है। यह भी जरूरी है कि जवाब ईमानदारी से दिए जायें। यह टेस्ट सिर्फ क्षमताओं के बारे में बताता है। यह जानने का कोई तरीका नहीं है कि परफेक्ट करियर मिलने के बाद क्या व्यक्ति योग्य कर्मी बन पाता है।

क्या कहते हैं आपके जवाब?

यदि आपके ज्यादातर जवाब अ में हैं आपको ऐसे कार्य पसंद आएंगे, जिनमें लोगों से मिलना-जुलना ज्यादा हो। थोड़ी आजादी आपको चाहिए, तभी अच्छा कर पाते हैं। नेतृत्व करना पसंद करते हैं। सम्बन्ध-मित्रता आपके लिए महत्त्वपूर्ण हैं। अकेले रहना आपकी फितरत नहीं, थोड़े उतावले हैं, बगैर सोचे-समझे बोल जाते हैं। प्रश्नों के जवाब में जल्दबाजी दिखाते हैं, भले ही उत्तर से खुद आश्वस्त न हों। भावनाएं नहीं छुपा पाते। लोगों का प्यार, स्नेह, सराहना आपको पसंद है। दूसरों के प्रभाव में जल्दी आते हैं।

आपके लिए सही करियर

स्टॉक ब्रोकर, सेक्रेटरी, रिसेप्शनिस्ट, डायरेक्टर, सलाहकार, मार्केटिंग, राजनीति, मानव संसाधन, शिक्षक, वकील, विज्ञापन, मेडिकल, जनसंपर्क, ट्रैवल एजेंट, होटल मैनेजमेंट, ईवेंट्स ऑरगेनाइजर।

2. यदि ज्यादातर जवाब ब में हैं आपको रचनात्मक कार्य पसंद हैं। अकेले और पर्दे के पीछे रहकर काम करना अच्छा लगता है, नहीं चाहते कि कई लोगों का ध्यान आकर्षित करें। आपके मित्रों की संख्या कम होती है। आप अच्छे श्रोता हैं, अपने बारे में बात करना ज्यादा पसंद नहीं। व्यावहारिक हैं, सोच-समझकर फैसले लेते हैं। जल्दी जवाब की आशा आपसे नहीं की जा सकती, स्थितियों का हरसंभव विश्लेषण करते हैं, तब निर्णय लेते हैं। एकाध प्रोजेक्ट में डूबकर काम करना आपको पसंद है। दूसरों के प्रति ईमानदारी और सहिष्णुता आपके स्वभाव में है, लेकिन तारीफ करने में कंजूस होते हैं। भाषा और शब्दों के चयन में काफी सतर्क हैं और बातों को विस्तृत ढंग से समझाते हैं। बने-बनाये ढर्रे पर काम करना आपको पसंद नहीं।

आपके लिए उपयुक्त करियर

कलाकार, इतिहासकार, उपन्यासकार, प्रोफेसर, फोटोग्राफर, बैंकर, ग्राफिक डिजाइनर, वेबमास्टर, प्रोडयूसर, मैनेजिंग डायरेक्टर, नर्सिंग, संगीत, एडवर्टाइजिंग, न्यूट्रशनिस्ट।

3. अगर आपके जवाब मिले-जुले हैं तो आप रचनात्मक-कल्पनाजीवी भी हैं, व्यावहारिक भी। जीवन के प्रति संतुलित नजरिया है आपका। आपके लिए इंजीनियरिंग, अभिनय, राजनीति, सलाहकार जैसे करियर उपयुक्त रहेंगे।

नोट : *इस परीक्षा से सौ फीसदी सही नतीजे नहीं मिलते, लेकिन रुझान समझने में मदद मिल सकती है।*

अध्याय-4

व्यक्तित्व निर्माण

कहते हैं कि काबिल होना जितना जरूरी है, उससे कहीं ज्यादा जरूरी है काबिल दिखना। यह सच भी है, क्योंकि रोजगार की तलाश में निकले शिक्षित युवाओं को जितनी मेहनत लिखित परीक्षा और उसकी तैयारी के संदर्भ में करनी पड़ती है, उससे कहीं ज्यादा सावधानी उन्हें साक्षात्कार यानी इंटरव्यू के दौरान बरतनी पड़ती है।

प्रत्येक नियोक्ता, कंपनी अथवा उपक्रम यानी इंटरव्यू कमेटी यह जरूर देखती है कि सम्बन्धित पद के लिए वह जिस अभ्यर्थी का चयन कर रही है, वह उसके लिए कितना उपयुक्त है। उसका व्यक्तित्व कैसा है यानी देखने में कैसा है।

उसकी भाषा शैली कैसी है वगैरह-वगैरह। इसलिए प्रत्येक अभ्यर्थी को अपने व्यक्तित्व के विभिन्न पहलुओं पर विशेष ध्यान देना चाहिए। आपका व्यक्तित्व न सिर्फ दूसरों के सामने आपको प्रभावी बनाता है, बल्कि आपकी सफलता भी सुनिश्चित करता है।

1. डर के आगे जीत है

हम सबके अपने भय हैं, जो अलग अलग मनस्थितियों और परिस्थितियों से उपज सकते हैं। कई बार भय हमारी इच्छाओं से पैदा होते हैं।

डर जिन्दगी का एकलौता सच्चा दुश्मन है। इसी डर के हारे हार है। यह चालाक, धोखेबाज दुश्मन है, जिसे हम सबसे बेहतर कौन जानेगा।

डर जो याददाश्त में गेंग्रीन की तरह समा जाता है, सब कुछ सड़ा डालता है, यहाँ तक कि शब्द भी उसके सामने मर जाते हैं।

डर को शब्दों में कहने के लिए बहुत कोशिश करनी होती है। उसका सामना करना होगा, ताकि शब्दों से वह रौशन हो जाये। अगर आप ऐसा नही करेंगे, अगर आपका डर ऐसा शब्दहीन अँधेरा बन जायेगा जिससे आप बचते हैं, शायद भुला भी देते हैं, तो आप डर के भावी हमलों के लिए सहज उपलब्ध होते हैं, क्योंकि हकीकत में आपने तो विजेता दुश्मन का मुकाबला किया ही नही......

हम सब के अन्दर कोई न कोई डर अवश्य मौजूद होता है। जब तक हम उसे बाहर नहीं करते हम उसके आगे नतमस्तक रहेंगे।

आप जब एक बार डर के कारणों को चिन्हित कर लेते हैं तो तसल्ली के साथ आपको इसकी वस्तुनिष्ठता पर विचार करना चाहिए। आपको जिन चीजों से डर लगता है कि उसे चिन्हित करके उसकी समीक्षा करनी चाहिए। आपको जिन चीजों से डर लगता है, उसे लिख कर अपने काम की मेज पर रख लें। मेधावी लोग भी किसी-न-किसी चीज को लेकर मन में डर पाले हुए रहते हैं। यह अनहोनी नहीं बल्कि यह बहुत ही स्वाभाविक सी बात है कि कोई स्वास्थ्य को लेकर बहुत सजग होता है तो कोई भावनात्मक पहलुओं को लेकर। कोई वित्तीय सुरक्षाओं को लेकर बहुत चिंतित रहता है। बहादुर व्यक्ति होने का मतलब यह कतई नहीं होता है कि वह डरविहीन होगा। बहादुर व्यक्ति का आशय उनसे लगाया जाता है कि तमाम आशंकाओं और डर के बावजूद वह काम को अंजाम देने में लगा रहता है।

आप जब भय का सामना करते हैं तो आपके अंदर का डर धीरे-धीरे बाहर निकलता जाता है।

आपने यह महसूस किया होगा कि डर की जितनी उपेक्षा करेंगे, डर में उतनी ही बढ़ोतरी होती जाती है। डर की सत्ता आपको घेर लेती है।

आप इस चक्र में पड़कर अपना बहुत ज्यादा नुकसान करते हैं

2. जरूरी है सकारात्मक सोच

रुख, रवैया अंग्रेजी में जिसे ऐटिट्यूड कहा जाता है। आखिर है क्या यह ऐटिट्यूड? अकसर ऐटिट्यूड को नकारात्मक अंदाज में ही देखा जाता है। मसलन अगर कोई अकड़ू है, कम बात करता है या सिर्फ अपने काम से ही मतलब रखता है तो लोग कहते हैं कि उसमें ऐट्टियूड है। सही मायने में ऐसा नहीं है, अगर डिक्शनरी में ऐटिट्यूड की परिभाषा देखें तो हम पायेंगे कि जिंदगी के प्रति देखने का एक नजरिया है ऐटिटड्रूड। सोचने, समझने और बर्ताव करने का तरीका है ऐटिट्यूड।

अच्छे-बुरे के आधार पर ही ऐटिट्यूड दो तरह के होते हैं सकारात्मक और नकारात्मक। अतः ऐटिट्यूड को सिर्फ नकारात्मकता के लिए समझना सही नहीं है। किसी भी काम की सफलता के पीछे हमारी सोच, उस काम के प्रति हमारे रवैये पर ही निर्भर करती है। या यूं कहें कि हमारे ऐटिट्यूड पर ही निर्भर करती है। हम

उस काम को किस नजरिए से देखते हैं यही बात हमारी सफलता–असफलता का कारण होती है। ठीक इसी तरह अपने अच्छे करियर के लिए जरूरी है कि हम उसकी शुरुआत के समय उसके प्रति अपने रुख को निर्धारित करें।

सिर्फ अपना करियर की योजना बना लेना ही सब–कुछ नहीं है। करियर की योजना बनाने के साथ अगर हम उसके प्रति अपने सकारात्मक रवैये को नहीं अपनाते हैं तब यह गलती हमारे करियर की योजना को क्षीण बना देगी और हम अपने लक्ष्य तक नहीं पहुँच पायेंगे। किसी भी करियर में सफलता अर्जित करने के लिए जरूरी है कि हम उसके प्रति सकारात्मक रुख के महत्त्व को समझें।

अपने काम के लिए आप नजरिया के रूप में अपने आदर्शों को निर्धारित कर सकते हैं जो लक्ष्य पाने के लिए हमेशा आपका मार्गदर्शन करते रहें। आप नीचे दिए तीन आदर्शों को करियर के प्रति अपने नजरिया के रूप में निर्धारित कर सकते हैं।

1. *गर्व*

हालाँकि यह एक बड़ा ही जटिल शब्द है, लेकिन इसे अहंकार के रूप में न लेते हुए अपने आत्म सम्मान के रूप में लिया जाना चाहिए। तभी आप अपने काम को गर्व करने लायक बना पायेंगे। वैसे भी गर्व और घमंड के बीच बहुत महीन पर्त है।

2. *उत्साह*

किसी भी करियर को महज इच्छा के कारण स्वीकारना अक्लमंदी का काम नहीं है। ऐसा करने से आगे मुश्किल दौर में आप उस करियर में अपने आप को साबित नहीं कर पायेंगे और न ही आपकी पदोन्नति हो पायेगी। करियर में आगे और आगे जाने के लिए जरूरी है उसके प्रति प्रबल इच्छा, रूचि। अपने काम के प्रति आपकी दीवानगी, आपका पैशन ही आपको उस क्षेत्र में असीम सफलता दिला सकता है। इससे काम के प्रति आपका उत्साह पूरे समय बना रहेगा।

3. *प्रबल विश्वास*

काम के प्रति इस दीवानगी के लिए जरूरी है खुद पर यकीन और आपकी गहरी आस्था। अगर जीवन में आपने कुछ मानक तय किए हैं और आपको अपनी सफलता का विश्वास है तो फिर आप अपने लक्ष्य की ओर जोश और जुनून के साथ बढ़ेंगे।

आपको अपने आप पर पूरा विश्वास रखना होगा कि आप यह काम बखूबी कर सकते हैं और आपमें प्रतिभा की कोई कमी नहीं है। आपकी यही सोच आपको उस लक्ष्य तक पहुँचाएगी जिसका ख्वाब आपने देखा है।

सकारात्मक सोच और सफलता एक दूसरे से जुड़े हुए हैं, हम जिंदगी को जिस नजरिये से देखेंगे, जिंदगी हमें वैसे ही दिखाई देगी। हमारी सोच जितनी सकारात्मक होगी, जीने के प्रति हमारा रवैया उतना ही जोशीला होगा। जिन्दगी हमें खुदबखुद खुबसूरत दिखने लगेगी।

किसी दोस्त या करीबी के कामयाब होने पर हम यह सोचने लगें कि उसकी किस्मत हमारी किस्मत से ज्यादा अच्छी है या वह हमसे ज्यादा काबिल है, सच बात तो यह है की ऐसी सोच ही हमें असफलता की ओर ले जाती है। हमें अपनी नकारात्मक सोच बदल कर सफलता पाने के लिए सबसे पहले सपने देखना होगा इसका अर्थ यह नहीं की सिर्फ सपने ही देखते रहें बल्कि उन सपनों को सच में बदलने के लिए सकारात्मक सोच के साथ उस दिशा में बढ़ना होगा, क्योंकि सफलता या कामयाबी अच्छे किस्मत वालों को नहीं बल्कि जीवन के प्रति सकारात्मक सोच रखने वालों को मिलती है।

'सकारात्मक सोच' व्यक्तित्व की सबसे बड़ी ताकत होती है। यदि सोच सही होगी तो कार्य भी होगा। यदि सोच गलत होगी तो शुरुआत गलत हो जायेगी। यदि सोच में हीनभावना या नकारात्मक होगी तो आप कोई भी कार्य मन से नहीं कर पायेंगे। इसलिए अच्छा सोचें, अपने बारे में और दुनिया के बारे में भी। सही सोचेंगे तो ही समस्यायों का समाधान ढूँढ़ पायेंगे। नहीं तो स्वयं समस्या बनकर रह जायेंगे। तो बस अपने एटिट्यूड में सकारात्मकता को अपनाइए और देखिए अपनी सफलता की उड़ान।

3. परिस्थितियों को पहचानो

कोई भी नहीं चाहता कि उसकी जिंदगी में मुश्किल दौर आए। हाँ, हम इतना जरूर जानते हैं कि मुश्किल हालात हमें मजबूत जरूर बनाते हैं। इसलिए जब भी हम कठिन परिस्थितियों से गुजरते हैं और उसके बाद हमें परिस्थितियों को आसान बनाने का अवसर मिलता है तो हम बनायेंगे। तो क्या आप कठिन दौर से गुजर रहे हैं ? और आपको इसका इल्म नहीं कि हालात को सामान्य कैसे बनाया जाये। जानिए कुछ ऐसे उपाय जो इस दिशा में आपकी मदद कर सकते हैं।

क्या हैं मौजूदा चुनौतियाँ- आप लंबे समय से अपने करियर में बदलाव की सोच रहे हैं, लेकिन कुछ भी नया करने से डरते हैं और कुछ किया भी तो वो खराब हो गया। इसलिए आप कुछ भी नया करने से घबराते हैं। इसलिए आप बदलाव के बारे में सोचना बंद कर देते हैं और आप सोचते हैं कि हालात खुद उसी स्थिति में वापस आ जाये, जैसे वो पहले थे। आपकी यह सोच आपको आगे बढ़ने और उन्नति करने से दूर रखती है। सभी अपने करियर में संघर्ष करते हैं और कुछ अलग चाहते हैं। एक चीज है जिससे आप अपना जीवन बदल सकते हैं, वो है कड़ी मेहनत। जाहिर है मेहनत का शुरुआती हिस्सा कठिन हो सकता है और एक बार जब आप शुरुआत करते हैं, तो कई बार कदम आगे बढ़ाते ही अपने लक्ष्य तक पहुँच जाते हैं।

कैसे करें शुरुआत?

दिक्कतों का सामना: अगर आप परेशानी झेलने के लिए तैयार हैं तो आश्चर्यचकित

नहीं होंगे और इस पर काबू भी नहीं पा सकेंगे। कई बार हमारे करियर में सबसे बड़ी चुनौती यह नहीं होती कि क्या हुआ था बल्कि उस पर हमारी अति प्रतिक्रिया होती है।

इसलिए दिक्कतों से क्या घबराना। असुविधा का मतलब है कि आप चुनौतियों का सामना करने और उन्नति के लिए तैयार हैं। तरक्की का स्वागत करें, यदि शुरुआत में यह आपको थोड़ा दुखी करती है तो भी।

चुनौतियों को स्वीकार करें: आपके करियर में चुनौतियों के पीछे कुछ कारण होते हैं। चुनौती के कारण उत्पन्न दिक्कत बताती है कि कुछ कमी है। शायद कोई स्थिति जिसकी आप अवहेलना कर रहे हैं, लेकिन आप उसे लंबे समय तक नहीं टाल सकते।

आप जिस भी काम की अवहेलना करते हैं वो उतनी ही बड़ी समस्या आपके सामने पैदा करती है। भागना हल नहीं है। चुनौतियाँ आपको और मजबूत बनाती हैं, जिससे आपके व्यक्तित्व में सकारात्मक परिवर्तन भी आते हैं। हालाँकि, चुनौतियाँ निभाने का समय जरूर कठिन होता है, परंतु उसके दूसरी ओर आपका एक नया रूप खड़ा होता है।

खुल कर रहें: तो क्या इस नए रूप से आप जुड़ाव महसूस करते हैं? तो आपकी यात्रा जरूर कठिन होगी। याद रखें कि आपके समक्ष एक योजना है और उसका कार्यान्वयन आपने करना है। हम सब अपने हिसाब से नतीजे चाहते हैं, परंतु कई बार ऐसा नहीं हो पाता। फिर भी शायद नतीजे आपके हिसाब से हो सकते हैं। जो भी हो, याद रखें कि समय आपके पक्ष में है और सफलता आपके इंतजार में। समय के साथ-साथ कार्य आसान होता जाता है। इसलिए नई चुनौतियों और नए रूटीन की तलाश में रहें। कई बार आपको जरूर लगेगा कि आप किसी गलत रास्ते जा रहे हैं, परंतु आगे जाने पर भविष्य की कोई उलझन नहीं रहेगी। क्योंकि धीमी चाल चलने वाले ही अंततः दौड़ जीतते हैं।

4. *सोचें-समझें फिर आगे बढ़ें*

हमारा भविष्य बहुत कुछ हमारी सोच पर निर्भर करता है। जैसी सोच रखेंगे जिंदगी की दशा-दिशा उसी से तय होगी। बाधाओं से लड़ने की हममें कितनी क्षमता है, उससे हमारे जीवट का पता चलता है। सफलता उसी को मिलती है जिसमें अंत तक जूझने की क्षमता हो। जो हार से सीखते हैं, जीत उन्हीं के कदम चूमती है। सफलता पाने के कुछ मूलमंत्र को यहाँ दिया जा रहा है, जिसे अपना कर आप बहुत कुछ पा सकते हैं-

छवि बनायें - हम सभी अपने उज्जवल भविष्य की कामना करते हैं और सोचते हैं कि कैसा होगा हमारा भविष्य? पर जब आप खुद ही यह सोच लेंगे कि हमें तो असफल होना है तो ऐसा सोच कर आप खुद को हतोत्साहित करते हैं। इससे आप आपने कार्यों में कभी भी सफल नहीं होंगे। इसलिए कुछ ऐसा

करें, जो इन बातों को झुठला दे। किसी सफल व्यक्ति की तस्वीर अपने दिमाग में रखें और उस तरह अपनी छवि को बनाने की कोशिश करें, उनके नक्शे-कदम पर चलें। लोगों के बारे में जितना सकारात्मक सोचेंगे, आपके व्यक्तित्व के साथ आत्मविश्वास में भी सुधार आएगा।

सकारात्मक सोचें - अनिश्चित और बेवजह की चीजों के बारे में सोचने से मन में नकारात्मक ख्याल आते हैं। इसके बजाय दिमाग में सकारात्मक और सदविचार लाएं तभी अंदर का भय भी दूर होगा। जब भी नकारात्मक चीजें आप पर हावी हों, कुछ अच्छा सोचना शुरू कर दें।

बाधाओं को पहचानें - यदि करियर, पढ़ाई या फिर आपके व्यक्तित्व में किसी भी तरह की कोई बाधा है तो इसे दूर करें क्योंकि यह चिंता की बात हो सकती है। यदि आपको लगता है कि आपके अंदर कुछ कमजोरियाँ हैं तो उसे पहचान कर इसे दूर करने की कोशिश करें।

दूसरों की नकल न करें - सभी अपने-अपने स्तर पर खास होते हैं। सभी में कुछ खासियत, कमजोरियाँ व ताकत होती हैं।

कमजोरियों का रोना न रोएँ और अपनी ताकत के साथ आगे बढ़ें। इस बात को लेकर चिंतित न रहें कि सामने वाला कैसे उस काम को कर लेता है, जो आपसे नहीं हो पाया। किसी को कॉपी कर आगे न बढ़ें बल्कि आपको जितना आता है उसी से खुद को योग्य सिद्ध करें।

काउंसलर की मदद लें - खुद को जानना कोई आसान काम नहीं। बचपन से ही ऐसा माहौल मिलता है कि लोग अपनी क्षमताओं पर शक करने लगते हैं, ऐसे में आत्मविश्वास की कमी कम उम्र में ही घर कर जाती है। क्षमताओं, योग्यताओं के बारे में गलत धारणा न बनायें नहीं तो हीन भावना मन में आ जाती है। चाहें तो किसी काउंसलर की मदद लें ताकि वह आपकी कमियों को बता कर उससे उबरने का रास्ता दिखाए।

अभ्यास करें - 'आई कैन डू इट' जैसे वाक्यों को बार-बार बोलने का अभ्यास करें। इस वाक्य को प्रतिदिन दस बार दोहराएँ। यदि आपके अंदर विश्वास की भावना समाहित हो जायेगी तो आपसे प्रेरित होकर आपके दोस्त या आसपास के लोग भी इसे अपनाएंगे।

योग्यताओं को आँकें - किसी भी व्यक्ति की योग्यता शारीरिक, मानसिक या उसकी सोच से की जाती है। यदि कोई इनसान अपनी शारीरिक क्षमता को सही-सही आंक सकता है तो वह कभी भी अपनी खामियों को लेकर गलत नहीं महसूस करेगा। योग्यताओं को कम आँकने से हीनभावना विकसित होगी।

ईश्वर में भरोसा - भगवान आपका रचयिता है। वह आपके लिए ही है। जब

भी कभी अकेला महसूस करें और आपकी मदद में कोई न हो तो उसे याद करें। वह हमेशा आपके साथ है। जो आपका साथ न दे, बुराई करे उसके बारे में नहीं सोचें, खुद को सक्षम समझें, फिर देखें कैसे आपके अंदर की सारी हीन भावना दूर होने के साथ आपका आत्मविश्वास भी बढ़ता है।

5. स्वप्रेरणा से मिलेगी सफलता

'स्वयं को प्रोत्साहित करना' एक बहुत बड़ा संघर्ष माना जाता है, क्योंकि हम भविष्य की चिंता में सदैव नकारात्मक ही सोचते हैं। यह नकारात्मक सोच ही हमारे आगे बढ़ने में सबसे बड़ी बाधा है। प्रोत्साहन की कमी का हमारे पास कोई भी साधारण समाधान नहीं है। इस समाधान का एकमात्र विकल्प है कि हम अपने मनोभावों को हमेशा सकारात्मक बनायें। अपनी सोच को सकारात्मक बनाने के लिए सर्वप्रथम अपनी सोच में से नकारात्मक गुणों को हटायें, फिर निश्चय ही हर क्षेत्र में सफलता आपके चरण चूमेगी। प्राय: प्रेरणा की कमी में कई कारण पाये जाते हैं, लेकिन उनमें से तीन प्रमुख का जिक्र हम यहाँ पर कर सकते हैं। सर्वप्रथम 'विश्वास की कमी' प्रेरित न होने का मुख्य कारण मानी जाती है, अगर सफलता प्राप्त करने में विश्वास की कमी होगी, तब हम कभी भी सफलता प्राप्त नहीं कर सकते हैं। दूसरा कारण, अगर अपने लक्ष्य तक पहुँचने के लिए अपना ध्यान केंद्रित नहीं करेंगे, तब भी हम सफलता प्राप्त नहीं कर सकते हैं। तीसरा कारण, अगर हमें सही मार्गदर्शन नहीं मिलेगा, हम कभी सफलता प्राप्त नहीं कर सकते हैं। अत: इन तीन प्राथमिक कारणों को चिन्हित कर हम स्वप्रेरक हो सकते हैं।

विश्वास कैसे जागृत रखें : प्रोत्साहन के मार्ग की पहली बाधा विश्वास की कमी है। हमें अपने में विश्वास पैदा करने के लिए अपनी नकारात्मक सोच को सदैव के लिए हटाना होगा। किसी भी चीज को चाहने से पहले हम हमेशा अपने दिमाग में सोचते हैं और इस दौरान दिमाग में कई तरह के सवाल उठते हैं। इन्हीं अलग-अलग सवालों से हमारी आंतरिक कमियाँ हमारे विश्वास को खो देती हैं।

विश्वास की कमी से हम किसी भी क्षेत्र में सफलता प्राप्त नहीं कर सकते। हमारी गलत छवि सभी के सामने प्रस्तुत हो जाती है। अत: सफलता का सही मार्ग है कि हम अपनी आंतरिक सोच और नकारात्मक गुणों को सदैव दूसरों से अलग रखें।

ध्यान लक्ष्य पर केंद्रित रखें : प्रोत्साहन के मार्ग की दूसरी मुख्य बाधा अपना ध्यान लक्ष्य पर केंद्रित नहीं रखना है। अपने ध्यान को केंद्रित करने के लिए हम सदैव डरते रहते हैं। हमारा डर यह होता है कि हम कमजोर हैं, अकेले हैं, हमारा कोई आत्मसम्मान नहीं है। अपने दिमाग में से ऐसे डर को दूर करने के लिए हमें इस डर को हमेशा के लिए भगाना होगा। अपने भविष्य की सही सोच के लिए डर को दूर भगाने का सही तरीका है कि संभवत: हम असमंजस की स्थिति में नहीं हैं।

प्रेरणा में छिपी सफलता

यदि आप जीवन के किसी भी क्षेत्र मे सफल होना चाहते हैं, तो सबसे पहले आप को प्रेरित होने की जरूरत है। क्यों और कैसे, आइए जानते हैं....

सच कहा जाये तो प्रेरणा हमारे अंदर मौजूद उत्साह व स्फूर्ति की एक सरल अभिव्यक्ति है। यह वह अदृश्य ऊर्जा क्षेत्र है, जहाँ से सभी चीजें प्रस्फुटित होती हैं। वास्तव में जब हम किसी कार्य को करने के लिए प्रेरित होते हैं, तब उस कार्य को पूरा करने के लिए स्वयं ही किसी असीम ऊर्जा स्रोत से जुड़ जाते हैं। हमारा विश्वास और आत्मविश्वास हमारी प्रत्येक गतिविधि को हमारे लक्ष्य की ओर उन्मुख कर देते हैं। प्रेरणा एक आह्वान है, तब भी जब हम अपने लक्ष्य या उपलब्धि के बारे में अनिश्चय की स्थिति में हों। यहाँ तक कि यह हमें अनजान व अज्ञात क्षेत्र की ओर ले जाकर सफल होने के लिए बाध्य करती है। जब हम प्रेरित होते हैं, तो हमारे विचार अपने सारे बंधन तोड़ देते हैं, हमारा मस्तिष्क सीमाओं को पार कर जाता है, हमारी संवेदनाएँ सभी दिशाओं में फैल जाती हैं, हम अपने आप को पूरी तरह से एक नवीन, महान और चमत्कृत संसार में पाते हैं, सोई हुई शक्तियाँ और प्रतिभाएँ जाग्रत हो जाती हैं और हम अपने आपको उससे बेहतर व्यक्ति के रूप में पाते हैं, जहाँ पर हम कभी अपने होने की परिकल्पना भी नहीं कर सकते थे। इसीलिए यदि सफल होना है, तो अपने मस्तिष्क में सकारात्मक अभिलाषा बनाये रखना तथा स्वयं की क्षमताओं पर विश्वास करना आवश्यक है।

6. विनम्रता ही आपकी पूँजी

शरीर में कोई तनाव हो तो उसे स्वास्थ्य के लिए अच्छा नहीं माना जाता। इसी तरह मन में कोई तनाव हो तो वह भी हमें बीमार बनाता है। व्यक्ति के मनोभाव सकारात्मक होंगे तो तनाव पैदा ही नहीं होगा। ऐसा सकारात्मक मनोभाव है नम्रता का सर्वश्रेष्ठ उदाहरण हमारी जीभ है। जीभ अत्यंत कोमल होती है। वह हर समय तेज दाँतों के बीच रहती है, पर ये दाँत उसे कोई हानि नहीं पहुँचा पाते। जीभ को तभी कोई नुकसान पहुँचता है, जब असावधानी में वह कभी दाँतों के बीच आ जाती है। जिस तरह जीभ कठिन स्थितियों में भी अपनी रक्षा करने में समर्थ होती है, उसी तरह एक विनम्र व्यक्ति तनाव से मुक्त रहकर न केवल अच्छे स्वास्थ्य का लाभ उठाता है, बल्कि समाज में आराम से गुजर-बसर कर लेता है।

एक विनम्र व्यक्ति को यदि कोई बुरा-भला कह भी देता है तो वह ज्यादा दु:खी नहीं होता। इससे उसका तनाव भी नहीं बढ़ता। विनम्र व्यक्ति सबके प्रेम का पात्र बनता है। यदि वह कोई बिजनेस करता है, तो उसमें भी लाभ कमाता है। विनम्रता हमें दूसरों से काफी कुछ सीखने का भी अवसर प्रदान करती है। जो व्यक्ति जितना अधिक विनम्र होगा, वह उतना ही अधिक सीख पायेगा और जो जितना ज्यादा सीख पायेगा, वह जीवन में उतना ही आगे जायेगा। दूसरों से सीखना

है अथवा अपना कोई कार्य करवाना है तो विनम्रता का प्रयोग कीजिए।

हालाँकि विनम्र बनना आसान नहीं है। इसलिए इसका अभ्यास जरूरी है। विनम्रता हृदय को विशाल, स्वच्छ और ईमानदार बनाती है। यह आपको सहज सम्बन्ध स्थापित करने के योग्य बनाती है। विनम्रता न केवल दूसरों का दिल जीतने में कामयाब होती है अपितु आपको अपना ही दिल जीतने के योग्य बना देती है। यह आपके आत्म-गौरव और आत्म-बल में उर्जा का अनवरत संचार करती है। आपकी भावनाओं के द्वन्द्व समाप्त हो जाते है, साथ ही व्याकुलता और कठिनाइयाँ स्वतः दूर होती चली जाती है। एक मात्र विनम्रता से सन्तुष्टि, प्रेम, और सकारात्मकता आपके व्यक्तित्व के स्थायी गुण बन जाते है।

7. सुनने की आदत डालें

विंस्टन चर्चिल ने कहा है, 'यदि आप सिर्फ बोलना जानते हैं, तो कभी सफल नहीं हो सकते।' सुनना एक कला है, जिसे अपने अंदर विकसित किया जाये तो इससे जीवन में सफलता की सीढ़ियाँ चढ़ना आसान हो सकता है। जिस व्यक्ति में सुनने की कला होती है, वह दूसरों के साथ बेहतर संवाद स्थापित करने में हमेशा सफल होता है। सुनना एक जटिल संवाद प्रक्रिया है, जो ध्वनि तरंगों को सुन लेने मात्र से अधिक है। इस दौरान वक्ता और श्रोता को शारीरिक व मानसिक उपलब्धि, वक्ता द्वारा श्रोता तक संदेश का सही प्रतिपादन, श्रोता द्वारा संदेश को याद रखे जाने और उस पर श्रोता की प्रतिक्रिया आदि कुछ बातें अत्यंत महत्त्वपूर्ण है।

शोधों से पता चला है कि एक सामान्य व्यक्ति दिन-भर में बोलने से दोगुना व लिखने या पढ़ने से पाँच गुना अधिक बातें सुनता है।

दिनभर के कार्य में औसतन हम 80 प्रतिशत समय संवाद में व्यतीत कर देते हैं। इसमें से भी 45 प्रतिशत समय मात्र सुनने में ही व्यतीत होता है। अच्छे श्रोता होने के महत्त्व को जानने से पहले यह समझना जरूरी हैं कि हम दूसरों से बातें क्यों करते हैं। आइए जानते हैं मौखिक संवाद के चार मूल उद्देश्यों को -

1. अपना परिचय देने के लिए अथवा नया सम्बन्ध स्थापित करने के लिए।
2. अपनी भावनाओं को व्यक्त करने के लिए।
3. किसी को जानकारी प्रदान करने के लिए।
4. अपनी बात मनवाने के लिए।

आइए, अब देखते हैं कि अच्छे श्रोता में क्या गुण होना चाहिए।

- अच्छे श्रोता हमेशा वक्ता की बातों से अपनी काम की बात ग्रहण कर लेते हैं।
- अच्छे श्रोता वक्ता की शैली की जगह उसकी बातों में निहित संदेश और

उसके अर्थ पर ध्यान देते हैं, जबकि सामान्यत: लोग वक्ता के बात करने के तरीके पर ध्यान देते हैं।

- अच्छे श्रोता वक्ता की बात पूर्ण होने तक उसे सुनते हैं जबकि सामान्य व्यक्ति बीच में ही अपनी बात करने लगते हैं।
- अच्छे श्रोता अपनी पुरानी जानकारी से वक्ता के संदेश को जोड़ने का प्रयास करते हैं जबकि सामान्य व्यक्ति सिर्फ सुनते भर हैं।
- एक अच्छा श्रोता न केवल बातें सुनता है बल्कि वक्ता के हाव-भाव और आवाज की तीव्रता पर भी ध्यान देता है।
- एक अच्छा श्रोता बात पूर्ण हो जाने के बाद उस पर विचार करता है और अपने काम की बातें याद रख लेता है। इस तरह हमें सफल जीवन के लिए स्वयं के भीतर एक अच्छे श्रोता के गुण विकसित करने चाहिए। याद रखें, वक्ता भी एक अच्छे श्रोता से प्रभावित होता है और अपने मन में उसके प्रति सम्मान रखता है।

८. कैसे करें आलोचना का सामना?

एक धनवान व्यक्ति भेंगा था। उसे अपनी आँखों के दोष का पता न था। एक दिन उसने दर्पण में देखा कि उसकी आँखों की बनावट दूसरे व्यक्तियों से भिन्न तथा खराब है। उसे लगा दर्पण खराब है। दूसरे दर्पण में देखा, उसमें भी आँखों में दोष दिखायी दिया। उस व्यक्ति को क्रोध आ गया। जिस दर्पण में भी उसे अपनी आँखें दोषपूर्ण दिखती, वह उन सभी दर्पणों को तुड़वा देता। घर के सारे दर्पण तोड़ दिये गये थे। कुछ दिन तक ऐसा ही चलता रहाँ जहाँ दर्पण मिलता, वह उसे तोड़ देता।

एक दिन उसके मित्र ने उससे दर्पण तोड़ने का कारण पूछा। कारण सुनने के बाद मित्र ने कहा, "भाई कमी दर्पण में नहीं, तुम्हारी आँखों में है। दर्पण में जो दिखता है, वह तो प्रतिबिंब मात्र हैं।"

कहने का मतलब कि यदि कोई आलोचना करे, तो आलोचक में कमी न देख, आत्ममंथन कर उसमें जरूरी सुधार करें। यदि कोई आपकी आलोचना कर रहा है तो इसका मतलब यह नहीं है कि आपमें वाकई कोई दोष या कमी है। आलोचना का एक पक्ष यह भी हो सकता है कि आपके आलोचक आपसे कुछ भिन्न विचार रखते हों। अमेरिकी राजनेता एलेनर रुजवेल्ट के अनुसार कोई आपको तब तक नीचा नहीं दिखा सकता, जब तक कि स्वयं आपकी उसके लिए सहमति न हो। घर हो या बाहर, ऐसी कोई जगह नहीं है, जहाँ आपको आलोचना का सामना न करना पड़े।

हर क्षेत्र में और हर जगह यह एक आम बात हैं। यह कभी स्वस्थ तरीके से की जाती है, तो कभी बीमार मानसिकता से, कभी आपके व्यक्तित्व को निखारने के लिए की जाती है तो कभी उस पर थोड़ी और धूल डाल देने के लिए, यह साबित करने के लिए कि आप किसी से कम हैं।

ठीक इसी तरह इसे ग्रहण करने की बात भी है। कुछ लोग तो इसे स्वस्थ मन से स्वीकार करते हैं और कुछ इसी से अपने मन को बीमार बना लेते हैं। कुछ ऐसे भी होते हैं जो सुनते हैं, अगर उन्हें लगता है कि बात सही है तो सुनते हैं, वरना ठहाका लगाते हैं और आगे बढ़ जाते हैं।

किसी की आलोचना का आप पर क्या असर होता है, यह बहुत हद तक आपके नजरिये पर निर्भर है। इस नजरिये से ही यह तय होता है कि आप अपनी जिंदगी में किस हद तक सफल होंगे. इसीलिए सजग लोग आलोचना को भी अपने व्यक्तित्व विकास की योजना का एक जरूरी हिस्सा बना लेते हैं. आप चाहें तो इसे आलोचना प्रबंधन का नाम दे सकते हैं। जी हाँ, जैसे समय का प्रबंधन होता है, संसाधनों और स्थितियों का प्रबंधन होता है, वैसे ही आलोचना का भी प्रबंधन किया जा सकता है। आलोचना का प्रबंधन करके आप उसका पूरा लाभ उठा सकते हैं, और न केवल अपने व्यक्तित्व, बल्कि व्यावसायिक विकास के लिए भी महत्त्वपूर्ण पूंजी बना सकते हैं।

अब यह आपके ऊपर है कि आप उस आलोचना से अपना मार्ग और उस पर चलने का तरीका किस तरह सुधारते हैं। यह भी आप पर है कि आप आलोचना से घबरा कर अपने मार्ग से ही हट जायें और चलना बंद कर दें। उचित यह होगा कि आलोचनाओं का विश्लेषण करके आप उनसे अपने जीवन और लक्ष्य तक पहुँचने के प्रयासों में सुधार कर लें। इसी को आलोचना प्रबंधन कहते हैं। आलोचना प्रबंधन का आशय यह है कि किसी बात पर तुरंत प्रतिक्रिया नहीं करें। पहले यह समझें कि आलोचना करते वाले का मंतव्य क्या है? क्या वह जो बात कह रहा है उसमें सचमुच कुछ दम है या ऐसे ही केवल अपनी संतुष्टि के लिए या आपको अपमानित करने के लिए आलोचना कर रहा है?

इसका आरंभ आप स्वयं अपने प्रति अपने नजरिए को स्पष्ट करके कर सकते हैं। जब भी कोई आपके विरुद्ध कोई बात करे तो सबसे पहले यह देखें कि क्या वास्तव में यह बात सच है। इसके लिए जरूरी है कि आप अपने सम्बन्ध में पूरी तरह विश्वस्त हों। अपने गुण–दोषों के आकलन के लिए आप दूसरों पर कतई निर्भर न रहें, चाहे वे आपके परिवार के सदस्य ही क्यों न हों। यह विश्वास रखें कि अपने गुण–दोषों को आप सबसे अच्छी तरह से जानते हैं। लेकिन इसका यह मतलब बिल्कुल नहीं है कि समझ के दूसरे दरवाजे बंद कर लें, क्योंकि गलती करना मनुष्य का स्वभाव है और आप उससे अलग नहीं हैं। अतः जब भी कोई आपकी कार्यप्रणाली या व्यक्तित्व के किसी भी पहलू को लेकर कुछ कहे तो उसे जरूर सुनें, फिर आत्मनिरीक्षण करें। यह सीखें कि क्या अगला जो कह रहा है, वह सही है या बस ऐसे ही उसने बिना जाने–बूझे ही कुछ कह दिया है। अगर आपको कभी यह लगे कि वास्तव में उसकी बात सही है तो आप स्वयं को सुधारने की शुरूआत तुरंत कर दें, इसके विपरीत यदि यह जाहिर हो कि इसमें

आपकी गलती बिल्कुल नहीं है, दूसरे व्यक्ति ने केवल अपनी गलती छिपाने के लिए आप पर दोषारोपण किया है, तो उसे आप तुरंत अपने मन से निकाल दें। उसको लेकर कुछ भी सोचने या करने की कोई जरूरत नहीं है।

9. कैसे करें माइंड मैपिंग?

मस्तिष्क की कार्यप्रणाली और सीखने की कला का नाम है माइंड मैप। माइंड मैप का प्रयोग एक साल का बच्चा भी कर सकता है और बहुराष्ट्रीय कंपनियों में काम करने वाले युवा भी। इससे जिंदगी को बेहतर बनाने में मदद मिलती है।

मस्तिष्क माइंड मैप ठीक उसी तरह का नक्शा है जैसा हम किसी कागज के टुकड़े या कंप्यूटर स्क्रीन पर बनाते हैं या फिर अपने दिमाग में बनाते हैं। यह ठीक किसी शहर या नगर के नक्शे जैसा ही है। दरअसल माइंड मैप में शब्दों, रंगों, आकृतियों और लाइनों का इस्तेमाल विचारों को एक दूसरे से जोड़ने में किया जाता है। यह आपस में विचारों को जोड़कर एक जगह इकट्ठा कर देता है। माइंड मैप से संचार क्षमता बढ़ती है। इससे आप खुद को बेहतर तरीके से समझ सकते हैं। इससे सीखने की प्रक्रिया आसान होती है और आपसी सहयोग बढ़ता है।

माइंड मैप का इस्तेमाल एक साल की उम्र से लेकर युवा और वृद्ध कोई भी कर सकता है।

बच्चे अपने मस्तिष्क में माइंड मैप बना कर सीखते हैं। हर बच्चा अपने आसपास की कुछ प्रमुख आकृतियों को पहचानता है। और इनसे एक जुड़ाव कायम करने लगता है। बच्चे दिमाग के पहले माइंड मैप में अपनी माँ की आकृति बनाता है। यह उसके माइंड मैप की केंद्रीय आकृति होती है। इसी के इर्द-गिर्द बच्चा आकृतियों की अहम शाखाएं पैदा करता है। इसमें उसकी सुरक्षा से प्रमुख विचार होते हैं। वह अपने खाने, सीखने, अस्तित्व बनाये रखने और माँ-बाप पर निर्भरता से जुड़ी आकृतियों को अपने दिमाग में जगह देता है। दरअसल बच्चे वाक्यों या उनके टुकड़ों की तुलना में माइंड मैप को जल्दी ग्रहण करते हैं।

माना जाता है कि जैसे-जैसे हमारी उम्र बढ़ती जाती है, हमारी याददाश्त कमजोर होने लगती है। लेकिन यह सही नहीं है। एक सही तरह से प्रशिक्षित मस्तिष्क के साथ यह समस्या नहीं आती है। अच्छी तरह प्रशिक्षित मस्तिष्क समय के साथ अपनी अवधारणा सम्बन्धी योग्यता को बढ़ाता है। चूँकि माइंड मैप में अवधारणा से जुड़े कौशल का इस्तेमाल किया जाता है इसलिए यह एक तरह से मस्तिष्क की व्यायामशाला बन जाता हैं।

माइंड मैप के इस्तेमाल से अल्जाइमर और डिमेन्शिया जैसी बीमारी को कुछ हद तक रोकने में भी मदद मिल सकती है। माइंड मैप उन जरूरी तत्वों पर फोकस करता है जो मस्तिष्क के सोचने की प्रक्रिया से जुड़े हैं।

करियर बनाने के लिए भी माइंड मैप मददगार हो सकता है। सबसे पहले तो बायोडाटा तैयार करने में इससे काफी मदद मिलती है। बायोडाटा किसी व्यक्ति या इंटरव्यू लेने वाले व्यक्ति के सामने किसी उम्मीदवार की पूरी तस्वीर सामने रख देता है। बड़ी तादाद में लोगों ने यह स्वीकार किया कि जब वे माइंड मैप के साथ इंटरव्यू बोर्ड में गए तो ज्यादा आत्मविश्वास से भरे थे। वे अपनी पृष्ठभूमि और उम्मीदों के बारे में ज्यादा अच्छी तरह बता पाये। इनमें से ज्यादातर लोगों ने पहले की तुलना में ज्यादा अच्छी तरह से इंटरव्यू बोर्ड का सामना किया और उनके चुने जाने की संभावना भी बढ़ गयी।

उद्योग संगठन अपने कर्मचारियों को बताते हैं कि माइंड मैप के इस्तेमाल से उनकी क्षमता और उत्पादकता को कैसे बढ़ाया जा सकता है और इससे कंपनी का मुनाफा कैसे बढ़ता है। हम निजी जिंदगी में भी माइंड मैप का इस्तेमाल कर सकते हैं।

10. *शार्ट कट का रास्ता न अपनायें*

देखा गया है कि कई बार छात्र कामयाब होने के लिए शॉर्टकट अपना लेते हैं। वे चाहते हैं कि कम से कम समय में ज्यादा से ज्यादा फायदा उठा लिया जाये। हो सकता है कि इसके तुरंत कुछ फायदे मिलते हों लेकिन यह भी देखा गया है कि अकसर शॉर्टकट उनको नाकामयाबी के मुहाने पर छोड़ जाती हैं, जहाँ सिर्फ अफसोस बच जाता है। छात्रों को यह याद रखना चाहिए कि शॉर्टकट हमेशा खतरनाक होता है। स्थायी और चमकदार कामयाबी के लिए कड़ी मेहनत करने की जरूरत है। यह नहीं भूलना चाहिए कि परीक्षा के तीन महीने पढ़ाई करके आप कोई रैंक हासिल कर लेंगे या प्रतियोगिता परीक्षाओं में शीर्ष पर आ जायेंगे। इसके लिए आपको लगातार मेहनत करनी होगी। इसका सबसे अच्छा उदाहरण वे एथलीट हो सकते हैं जो ओलंपिक में कोई मैडल हासिल करने के लिए लगातार चार साल तक मेहनत करते हैं। छात्र के लिए एथलीट एक आदर्श हो सकते हैं।

इसलिए कोशिश करें कि जिस तरह से एथलीट अपने लक्ष्य को गंभीरता से लेते हैं, छात्रों को अपने लक्ष्य के प्रति उतना ही गंभीर होना चाहिए। इसके बाद हर छात्र को एथलीट की तरह लक्ष्य प्राप्त करने के लिए अपनी फिटनेस पर ध्यान देना चाहिए। जमाना कितना भी बदल जाये, समय कितना भी बदल जाये, कुछ कहानियाँ कभी नहीं बदलतीं और उनकी नसीहतें भी कभी नहीं बदलतीं। छात्रों को कछुए और खरगोश की कहानी कभी नहीं भूलनी चाहिए और उसका सबक भी कि -स्लो एंड स्टडी विन्स द रेस। यहाँ हमें आज के हिसाब से मोरल आफ दि स्टोरी में थोड़ा-सा परिवर्तन करना होगा -बी अवेकंड रैबिट। इसलिए रोज पढ़ाई करने के लिए योजना बनायें। उस योजना पर सच्चाई से अमल करें। यह कतई जरूरी नहीं कि आप आठ-दस घंटे पढ़ाई करें। यदि आप यह तय कर

लें कि रोज सिर्फ दो या तीन घंटे पूरी प्रतिबद्धता से पढ़ाई करेंगे, तो बेहतरीन परिणाम हासिल कर सकते हैं। लिखने की आदत डालें। कई बार छात्र अपने नोट्स को याद भर करते हैं लेकिन उसे लिख-लिखकर याद नहीं करते। एक एथलीट ओलंपिक में कामयाब होने के लिए रोज अपने ट्रैक पर दौड़ लगाता है और तब चार साल बाद कोई मैडल जीतने के काबिल बनता है। इसलिए रोज लिखने की आदत डालें। परीक्षा में यही आदत आपको कामयाब बनायेगी। जिस तरह से एक एथलीट नियमित अंतरालों में अपने परफार्मेंस को नोट करता है, ठीक उसी तरह आप हर सप्ताह या पंद्रह दिन में अपना मूल्यांकन करें कि रोज पढ़ाई करते हुए आप कहाँ तक पहुँचे हैं और यहाँ से आगे किस तरह से बढ़ना है।

11. *जिम्मेदारी का भाव जरूरी*

हर एक आदमी की आदत होती है कि वह अपनी असफलता का दोष दूसरों पर थोप देता है। यहाँ तक अपनी गलती का कारण भी परिस्थिति या दूसरे व्यक्ति पर डाल देता है। मैं और आप भी इससे अछूते नहीं है। यदि किसी की गाड़ी या ट्रेन छूट जाती है तो वह दोष ट्रैफिक जाम को देता है। जबकि ट्रैफिक जाम की सम्भावनाओं को जानकर वह घर से पहले निकल सकता था। डण्डे से किसी का सिर फोड़ने वाला व्यक्ति भी अगले पीड़ित के दुर्व्यवहार को अपनी इस हरकत का जिम्मेदार बताता है और खुद को निर्दोष बताता है।

बचपन में माँ-बाप, रिश्तेदार व शिक्षक आपके भविष्य बनाने की जिम्मेदारी लेते है। एक उम्र के बाद ये जिम्मेदारी अपने आप स्वयं पर आने लगती है कुछ लोग इससे भागते है तो कुछ लोग इसे सहर्ष स्वीकार कर लेते हैं।

सचमुच अपने भविष्य के जिम्मेदार आप खुद होते है। इसका कारण यह है कि हम खुद के बारे में लगातार सोच सकते है, योजना बना सकते हैं। पिछली आदतें एवं घटनाओं के आधार पर आगे का रास्ता निर्धारित कर सकते है। हम परिस्थिति के अनुसार खुद को परिवर्तित कर सकते हैं। अपनी कार्य दक्षता बढ़ा सकते हैं। अपनी सोच में पैनापन ला सकते है। कई बार असम्भव से दिखने वाले कार्य को भी सम्भव बना सकते है, पर प्रयास करना जरूरी है।

12. *ज्ञान के साथ प्रदर्शन भी*

सिर्फ किताबी ज्ञान का होना काफी नहीं होता है, सफलता पाने के लिए पूर्ण प्रदर्शन जरूरी है। आज का वक्त विज्ञापन का है, जो दिखता है वो बिकता है। इसलिए हर क्षेत्र में प्रदर्शन नपा-तुला होना चाहिए। वैसे भी जब आप अपनी बात को आकर्षक अंदाज में प्रदर्शित करते हैं तो लोग उसे सुनना पसंद करते हैं। अपने क्षेत्र में स्थापित होने तथा निरंतर उन्नति करने के लिए प्रस्तुति की विशेष तैयारी करनी चाहिए। क्योंकि जहाँ छात्रों को अवसर तलाश कर नौकरी प्राप्त करनी होती है वहीं प्रोफेशनल्स को अच्छा वेतनमान तथा पदोन्नति के लिए कड़ी मेहनत करनी होती है।

समय-समय पर प्रोफेशनल्स को अपने कार्य से सम्बन्धित किसी न किसी मुद्दे पर तर्क, तथ्य और प्रमाण को योजनाबद्ध तरीके से अपने वरिष्ठ सहकर्मियों के साथ साझा करना होता है। मीटिंग-सेमिनार में पूरी तैयारी के साथ अपनी बात को रखना होता है। इसके लिए पूरी तैयारी से विषय का गहन अध्ययन करें। प्रदर्शन के लिए ग्राफ, सारिणी तथा आकड़ों के द्वारा अपनी बात को प्रभावी तरीके से बताने की चेष्टा करें। अपनी बात पर क्रॉस प्रश्नों की संभावनाओं को तलाशें।

प्रतियोगिता के दौर में खुद की काबिलियत साबित करने के लिए कम शब्दों में सारगर्भित बात रखने का गुण होना चाहिए। इसके अलावा यह भी जरूरी है कि बेहतर प्रदर्शन के लिए ज्ञान से ही सफलता का रास्ता तय होता है, इसलिए सबसे जरूरी है कि छात्र करेंट अफेयर्स से अपडेट रहें। देश की सभी संस्थाओं का इंटरव्यू लेने का तरीका अलग-अलग होता है, पर उद्देश्य एक ही होता है। छात्रों के ज्ञान उसकी भावनाओं को समझना इसके लिए छात्रों को चाहिए कि वह करेंट अफेयर्स सहित इकोनॉमी, सोशल नॉलेज को विकसित करें। रोजाना समाचारपत्र पढ़ें। टीवी पर न्यूज व समसमायिक विषयों से सम्बन्धित कार्यक्रमों को ध्यान से सुनें।

इसके अलावा यह भी जरूरी है कि आप जिस भी भाषा का उपयोग करें, उस पर आपकी अच्छी पकड़ हों। अगर आपके व्यक्तित्व की कुछ बातों, जैसे - गर्मजोशी से हाथ मिलाना, खूबसूरत मुस्कान, हर किसी से उत्साह से मिलना, समय का सही प्रबंधन, आशावादी सोच, बेहतर कम्यूनिकेशन आदि में सुधार हो, तो समझिए कि आप प्रगति पर हैं। अगर आप सुनियोजित ढंग से करियर में आगे बढ़ना चाहते हैं, तो आपके अंदर कुछ खास तरह के कौशल का होना बहुत जरूरी है। ये खास कौशल हैं-

- दूसरों के साथ बेहतर समन्वय के साथ काम करने की कला।
- टीम लीडर बनने की क्षमता।
- कार्य स्थल से जुड़े मुद्दों व चीजों के बारे में क्विक पावर प्रजेंटेशन।
- बेहतर संवाद (मौखिक व लिखित दोनों रूपों में)।
- मीटिंग या बोर्ड रूम में सरल शब्दों में अपनी बात रखने की क्षमता।
- कामकाज के दौरान दिक्कतों को पहचानने की क्षमता व उनका समाधान।
- तय लक्ष्य पर पहुँचने के लिए काम के लिए अनुकूल योजना तैयार करना।
- स्थिति के अनुसार व्यवहार कुशलता।
- कंप्यूटर व तकनीकी ज्ञान।

13. *कंपनियों की माँग के अनुसार*

भारत में लाखों की तादाद में जून-जुलाई में कई नए ग्रेजुएट नौकरी के महादंगल में उतरते हैं। अपनी सैलरी और पद को लेकर बहस करते हैं। सुनने में यह बड़ा अच्छा लगता है, लेकिन क्या ये ग्रेजुएट कंपनियों में काम करने के लिहाज से पूरी तरह तैयार रहते हैं।

आज भारत में बैंक, कंसल्टिंग फर्म, बहुराष्ट्रीय कंपनियों और सार्वजनिक क्षेत्र के उपक्रम, जो इन्हें हर महीने काम के लिए सैलरी देते हैं, लेकिन उन्हें इस बात का दुख होता है, जब कोई नया प्रत्याशी काम पर खरा नहीं उतरता है।

कंपनियाँ उनके काम को लेकर कई तरह की आलोचनाएँ करती हैं। आज के समय में कंपनियाँ इन पाँच गुणों को ध्यान में रखकर नए लोगों को नौकरी दे रही हैं। जिसका किसी प्रत्याशी में होना बेहद जरूरी है।

1. *अंग्रेजी में लिखने और पढ़ने में महारत होना*

आजकल सभी स्नातक और शिक्षा संस्थान इस बात को अच्छी तरह से जानते हैं कि दुनिया के ग्लोबल विलेज बनने के बाद जिस भाषा को अंतरराष्ट्रीय स्तर पर पहचान मिली, वह अंग्रेजी है। बिना इसके किसी के लिए भी अंतरराष्ट्रीय बिरादरी से बातें कर पाना मुश्किल है। भले ही हमारे देश में हिन्दी बोलने को लेकर राजनीति होती है, लेकिन इस बात को झुठलाया नहीं जा सकता कि अंग्रेजी के मदद से छात्रों को आगे बढ़ने में काफी मदद मिलती है। इसीलिए अंग्रेजी में धारा-प्रवाह पढ़ने के साथ लिखना भी आना चाहिए।

2. *समस्याओं को तुरंत सुलझाना और नए रास्तों की तलाश करना*

अकसर देखा जाता है कि कोई भी काम करने में अपना दिमाग लगाने के बजाय निर्देशों को मुँह ताकते रहते हैं और उसके बाद काम शुरू करते हैं। ऐसे कामों को करते समय में न तो रचनात्मकता और न ही नए विकल्पों की तलाश की जाती है। इसे उदाहरण से समझें, ब्रिटेन में चार्टर्ड एकाउंट की परीक्षा पास करने वालों में भारतीयों की संख्या कम होती है। ब्रिटेन में होने वाली यह परीक्षा भारत में होने वाली परीक्षा से कठिन होती है। भारत का शिक्षा व्यवस्था रटन्त-विद्या पर निर्भर है। हमारे स्कूलों में समस्याओं को सुलझाने के नुस्खे नहीं सिखाए जाते हैं और यही ग्रेजुएट छात्रों की कमजोरी का कारण होता है।

3. *सवाल करना और निरंतर उत्तर तलाश करना*

मैनेजर लगातार शिकायत करते हैं, नौकरी पर रखा गया नया ग्रेजुएट कर्मचारी एकदम निष्क्रिय जैसा व्यवहार करता है। वह हमेशा हाँ में हाँ मिलता है और वह मन में उठ रही जिज्ञासाओं को प्रदर्शित करने में असमर्थ रहता हैं। चापलूसी और किसी भी चीज को लेकर पक्षपाती होना भारत में आम बात है, जबकि समय की माँग है, जिम्मेदारियों को उठाना और चुनौती को स्वीकार करना।

4. *करियर के लिए जिम्मेदारियों का निर्वाह करना और नये गुणों को सीखने के लिए प्रतिबद्ध रहना*

छात्र का काम सिर्फ डिग्री पा लेना भर ही नहीं हैं। बल्कि इसके आगे नई चीजों को सीखना और वक्त की माँग के हिसाब से इनका प्रयोग करना है। जैसे किसी

कंपनी में नई भर्तियों के लिए ट्रेनिंग के दौरान उनकी तैयारियों का खाका खींचा जाता है, जिसमें प्रत्याशियों के कई तरह की एक्टिविटी पर ध्यान दिया जाता है। लेकिन इसमें सीखने वालों का प्रतिशत 15 से 20 फीसदी ही रहता है। ऐसे में इनका करियर शुरु होते ही खत्म हो जाता है। प्रत्याशिओं का ऐसे समय में दायित्व यह होता है कि मुहैया कराए गए साधन, स्त्रोत और मौकों का भरपूर फायदा उठाया जाये।

5. पेशेवर और नैतिकता का दामन थामे

किसी भी ग्रेजुएट के लिए सबसे जरूरी है उसका पेशेवर होना। कम अनुभव के बावजूद भी ज्यादा सैलरी की माँग, सैलरी के लिए एक कंपनी को छोड़कर दूसरी ज्वाइन करना। ये किसी पेशेवर के गुण नहीं होते हैं। इस तरह के गुण किसी भी नए ग्रेजुएट में नहीं होना चाहिए।

बात साफ है, कंपनियाँ अपने भावी कर्मचारियों को इन पाँच चीजों की कसौटी पर परखती हैं। नये ग्रेजुएट को जानकारी की भूख और पेशेवर रवैया अपनाकर सफलता का परचम फहराने में मदद मिलेगी।

अध्याय-5

कॉलेज के आखिरी दिन

प्रत्येक नई पीढ़ी को शिक्षा के बाद काम तलाशने के लिए खासी मेहनत करनी पड़ती है। जाहिर है इस प्रयास में कुछ कदम सही पड़ते हैं और कुछ गलत। इसके बावजूद कुछ बुनियादी बातें हैं, जो प्रत्येक विद्यार्थी को हमेशा दिमाग में रखनी चाहिए। वह बुनियादी बातें क्या हैं और उन पर कब, कहाँ और किस हद तक अमल करना चाहिए, आइए जानते है:

ग्रेजुएशन पूरी कर ली, मौज-मस्ती की पाठशाला खत्म। रोजगार की तलाश में निकलते वक्त यह याद रखें कि आपके साथ ही अन्य हजारों छात्रों ने भी ग्रेजुएशन की डिग्री ली है। इनमें से ज्यादातर रोजगार के लिए हाथ-पाँव मारेंगे। मंदी, छंटनी, वेतन में कटौती शब्द रोजगार के बाजार में पहले से ही छाए हुए हैं तो आपको ऐसी रणनीति बनानी होगी कि सफलता हासिल कर लें, वह भी जल्द से जल्द। आजकल कॉलेज में ही कैंपस प्लेसमेंट के जरिये ज्यादातर छात्रों को रोजगार के मौके मिल जाते हैं। कहीं छोटे तो कहीं मोटे। कई लोग ऐसे ऑफर पाने में चूक जाते हैं। ऐसे में उन्हें हताश होने की जरूरत नहीं। कुछ बातों को ध्यान में रखकर वह रोजगार की तलाश करेंगे तो सफलता हासिल करने की संभावना काफी बढ़ जायेगी।

1. रेफरेंस से होगी राह आसान

तमाम लोगों का मानना है कि नई नौकरी हासिल करने में रेफरेंस (संदर्भ, हवाला) का कोई रोल नहीं होता। लेकिन सच यह है कि कई बार कोई अच्छा रेफरेंस आपकी आगे की राह आसान कर देता है।ज्यादातर प्रतियोगी मानते हैं कि नई जॉब पाने में किसी रेफरेंस का कोई रोल नहीं होता, लेकिन इंडस्ट्री विशेषज्ञ की सोच इससे अलग है। रेफरेंस काफी फायदेमंद होते हैं। कई कंपनियां इन्हें जॉब आवेदन पत्र के समय ही देने को कहती हैं, तो कई बार नया नियोक्ता पुरानी कंपनी में

अपनी जानपहचान को हवाले के रूप में प्रयोग करता है।

प्रतियोगी के बारे में इंटरव्यू और सीवी के माध्यम से जानने के अलावा नया नियोक्ता रेफरेंस को भी काफी महत्त्व देता है, खासकर अगर वह प्रतियोगी के पुराने नियोक्ता से मिले तो।

मिल जाती है सही जानकारी

जानकारों का मानना है कि रेफरेंस से प्रतियोगी के बारे में नियोक्ता को सही जानकारी मिल जाती है। किसी भी तरह का हवाला प्रतियोगी के चयन में अहम भूमिका अदा करता है। इससे नए नियोक्ता को यह जानने में मदद मिलती है कि प्रतियोगी का पुराना रिकार्ड कैसा रहा है? ऐसे में हवाला देने से बिलकुल सही तस्वीर सामने आ जाती है। इससे पता चल जाता है कि प्रतियोगी उस जॉब के लिए योग्य रहेगा या नहीं? अगर प्रतियोगी को नियुक्ति से पहले किसी ट्रेनिंग की जरूरत है, तो इसका पता भी रेफरेंस से चल जाता है।

हमेशा सही नहीं होता रेफरेंस

हालाँकि रेफरेंस हमेशा सही नहीं होते। कई बार गलत रेफरेंस की वजह से सही प्रतियोगी का चयन नहीं हो पाता। हालाँकि जरूरी नहीं है कि उससे सम्बन्धित जानकारी देने वाले व्यक्ति की सोच सही हो। यह भी हो सकता है कि उस व्यक्ति के सम्बन्ध प्रतियोगी के साथ अच्छे नहीं रहे हों और वह गलत जानकारी दे दें। इससे रेफरेंस का उद्देश्य ही खत्म हो जाता है। एक खराब कर्मचारी से कंपनी को फायदा कुछ नहीं होता, जबकि नुकसान ढेर सारे हो सकते हैं। ऐसे में हर कंपनी अंतिम चयन से पहले कैंडिडेट के बारे में सभी पूछताछ कर लेना चाहती है। यहाँ तक कि जासूसी एजेंसियों की भी मदद ली जाने लगी है। रेफरेंस कंपनी और प्रतियोगी दोनों के हित में अहम भूमिका निभाता हैं।

2. आपका व्यक्तित्व ही आपकी सफलता

हम लोगों में से ज्यादातर लोग जीतना तो चाहते हैं, लेकिन जीत हासिल करने के लिए जरूरी मेहनत से दूर भागते हैं। सफलता पाने के लिए आत्म-अनुशासन की जरूरत होती है। इसके अलावा कड़ी मेहनत का कोई विकल्प नहीं। मेहनत ही सफलता की सीढ़ी है। यहाँ हेनरी फोर्ड के इस कथन को याद करना ठीक रहेगा- 'आप जितनी मेहनत करेंगे, भाग्य आप पर उतना ही मेहरबान होगा।'

मेहनत के बाद जो दूसरी सबसे जरूरी चीज है, वह है आत्मविश्वास। दरअसल किसी भी समस्या के समाधान के लिए और किसी भी भय से निपटने के लिए आत्मविश्वास अत्यंत ही जरूरी है। इस सम्बन्ध यह जान लें कि आत्मविश्वास कभी रातोंरात नहीं आता। व्यक्ति जीवन में जैसे-जैसे परिश्रम करता है, वैसे-वैसे उसका आत्मविश्वास भी बढ़ता जाता है।

आपका व्यवहार व आपकी बॉडी लैंग्वेज भी आपको सफलता की ओर ले जाती है। महत्त्वपूर्ण यह नहीं है कि आप क्या कह रहे हैं, बल्कि महत्त्वपूर्ण यह है कि किसी बात को आप किस तरीके से कह रहे हैं। बेहतर मौकों पर नजर रखना भी जरूरी है।

गलती सबसे होती है। इसलिए यह पाप नहीं, लेकिन उसका एहसास होने के बाद उसे दोहराना जरूर पाप है। जो समझदार होते हैं, वे अपनी गलतियों से सीखते हैं, लेकिन जो बुद्धिमान होते हैं, वे तो दूसरों की गलतियों से भी सीखते हैं। गलतियों से सबक लें।

जीवन में समस्याएँ तो आती ही रहती हैं। जीवन में, करियर में स्थिति किसी प्रोफेशनल सेल्समैन की ही तरह है, जहाँ किसी उत्पाद की तरह खुद को हर मोरचे पर सामने रखना पड़ता है, ताकि आपकी माँग बढ़े और आपकी जरूरत नियोक्ता को महसूस हो। इसके लिए खुद को हर पैमाने पर बेहतर बनाना जरूरी है।

3. *मन में है विश्वास तो मिलेगी मंजिल*

इसमें दो राय नहीं कि इच्छाशक्ति ही सफलता का स्वाद चखाती है। किसी भी कार्य में आप कितनी दिलचस्पी ले रहे हैं, यह आपकी प्यास पर निर्भर करता है। आप किसी चीज को जितने शिद्दत से पाना चाहेंगे, उसे पाने के लिए उतनी ही लगन से काम करेंगे। दसवीं क्लास तक आते-आते खुद छात्र को भी यह स्पष्ट होने लगता है कि उसे किस क्षेत्र में करियर बनाना है। इस मंजिल को ही पहला और आखिरी लक्ष्य समझना चाहिए। भटकाव से कुछ हासिल नहीं होगा। सबसे पहले अपना लक्ष्य निर्धारित कीजिए। इसके बाद उसे पाने के जितने भी रास्ते हैं, उन सब पर विचार करें। अंत में एक उचित योजना के तहत कार्य आरंभ करें। विशेषज्ञों के अनुसार, इच्छा शक्ति को बनाये रखना सफलता का सबसे बड़ा मंत्र है।

योजना बनायें : यह सच है कि अगर सही वक्त पर उचित निर्णय नहीं लिया जाये, तो हाथ आए मौके भी निकल जाते हैं। कभी-कभी तो मंजिल आँखों के सामने से गायब हो जाती है। अगर इन सभी से बचना है और लक्ष्य को पूरी तरह प्राप्त करना चाहते हैं, तो योजना प्रत्येक कार्य योजना बनकर करें। सबसे पहले तो यह निर्णय करना अहम है कि कौन-सा करियर सही होगा। इसके लिए खुद की तैयारी के साथ, आर्थिक स्थिति और भविष्य में उसकी माँग को भी ध्यान में रखना जरूरी है।

प्यास जगायें : आप परीक्षा की तैयारी कर रहे हैं या नौकरी की खोज, सफलता की प्यास को हमेशा बनाये रखें। संभव है कि पूरी सफलता मिलने में कुछ वक्त लग जाये, इससे घबराएं नहीं। ऐसी स्थिति में जरूरी है कि प्यास को बरकरार रखें। ऐसा न हो कि बार-बार की विफलता से हमारी प्यास मरने लगे

और हम अपनी हार को ही किस्मत का लिखा मानकर स्वीकार कर लें। यह बिलकुल गलत है।

आखिर, कोई व्यक्ति हमेशा सफल नहीं हो सकता। लेकिन इसका अर्थ यह नहीं है कि हार को ही मंजिल समझ लें।

जीत के बारे में सोचें : कुछ लोग दूसरों की सफलता देखकर ईर्ष्या करते हैं और उन्हें पराजित करने के बारे में सोचते हैं, जबकि कई लोगों को दूसरों से मतलब नहीं होता और वे केवल अपनी जीत के बारे में ही सोचते हैं। दूसरों को हराने के बारे में सोचने वाले लोग खुद को मजबूत नहीं करते, वे केवल दूसरों की खामियों को ही ढूँढ़ते रहते हैं। इसका नतीजा यह होता है कि हम जिसे हराना चाहते हैं, वह आगे निकल जाता है। ऐसे हालात न आये, इसके लिए जरूरी है कि खुद को मजबूत करें।

4. *मौके का इंतजार करना छोड़ें*

जितने भी सफल व्यक्तित्व हैं वे यह कभी नहीं कहेंगे कि उन्होंने मौके को भुनाया या मौका आते ही वे सफल हो गए। पर ऐसे लोगों की संख्या काफी ज्यादा होती है जो यह कहते हैं कि जिंदगी ने उन्हें मौका ही नहीं दिया वरना वे ऐसा काम करते की दुनिया देखती।

यह कहना काफी आसान है कि जिंदगी ने मौके नहीं दिए व्यक्ति स्वयं अपने आप को नहीं देखता और न ही अपने आप से प्रश्न करता है कि आखिर उसने मौके का इंतजार क्यों किया?

मौका ऐसे नहीं आता और न ही मौके का इंतजार करना ठीक है। मौका आ भी गया तब कब कैसे आगे बढ़ें हमें इसका ज्ञान भी होना जरूरी है। एक युवा साथी थे जो स्नातक थे। उनकी इच्छा थी कि प्रतियोगी परीक्षा पास कर सरकारी नौकरी प्राप्त की जाये।

इसके लिए वे मेहनत करने को भी तैयार थे और इस सम्बन्ध में उन्होंने अपनी इच्छा घरवालों को भी बता दी थी। इस बारे में दोस्तों से भी राय ली गयी और सभी ने अपनी ओर से मदद करने की बात भी कही। अब ये इंतजार में थे कि कब किसी प्रतियोगी परीक्षा का विज्ञापन आए और वे परीक्षा का फार्म भरें। जैसे ही अखबारों में विज्ञापन आता सभी उन्हें कहते कि देखो प्रतियोगिता का विज्ञापन आ गया है फार्म भर दो और पढ़ाई की तैयारी करो। पर ये विज्ञापन देखते और कहते कि यह पद मेरे लायक नहीं है, मैं और बड़े पद के लिए तैयारी करना चाहता हूँ।

इस कारण वे फार्म ही नहीं भरते थे। काफी समय व्यतीत हो गया और अब घरवालों को भी चिंता होने लगी कि आखिर यह करना क्या चाहता है? इसी बीच कई दोस्तों की नौकरी लग गयी पर ये सभी से कहते थे कि देखना मैं एक दिन

काफी बड़ा आदमी बनूँगा। एक दिन वह विज्ञापन भी आ गया जिसके सपने ये देखा करते थे। बड़े जोशोखरोश के साथ फार्म भरा गया और तैयारी आरंभ हुई।

दरअसल उस विज्ञापन में जिन पदों के लिए आवेदन मँगवाए गये थे वे अखिल भारतीय स्तर पर मँगवाए गये थे और पदों की संख्या काफी कम थी। परीक्षा का दिन आया और परीक्षा देने के बाद युवा साथी मायूस हो गए क्योंकि वे जिस स्तर पर परीक्षा की तैयारी कर रहे थे परीक्षा उससे कहीं ज्यादा ऊँचे स्तर की थी। इतना होने के बावजूद उन्होंने ऊँचे पद पर जाने के लिए मौका आने का ही इंतजार करना ठीक समझा। सभी ने समझाया कि अभी नौकरी कर लो और साथ में तैयारी करना पर वे माने नहीं। बड़े पदों के इंतजार में उनकी उम्र बढ़ती ही गयी और आखिरकार उन्हें परिस्थितियों से समझौता कर छोटी नौकरी ही करनी पड़ी। उन्हें यह समझ में आ गया कि मौके का इंतजार करना ठीक नहीं बल्कि जिंदगी में प्रतिदिन मौके आते हैं और उन्हें समझने में उनसे चूक हो गयी थी। दोस्तों, मौके कभी कहकर भी नहीं आते और इन मौके के इंतजार में अपने वर्तमान खराब करना बिलकुल भी सही निर्णय नहीं हैं।

5. ऐसे मिलेगी छुपी हुई नौकरी

आप रोजाना नौकरी की साइट्स पर नजर रखते हैं और रोजगार समाचार पत्रों को भी नहीं छोड़ते। बावजूद इसके कुछ नौकरी ऐसी होती हैं, जिन तक आप बहुत कोशिशों के बाद भी नहीं पहुँच पाते। दरअसल, ऐसा इसलिए होता है, क्योंकि अकसर ये कंपनियाँ अपनी नौकरियों को वेबसाइट पर नहीं दिखातीं हैं। यानी कि अगर किसी कंपनी की वेबसाइट पर नौकरी का कॉलम खाली पड़ा है, तो इसका मतलब यह कतई नहीं है कि कंपनी ने कोई रिक्तियाँ नहीं निकाल रखी है।

अकसर ऐसा होता है कि कंपनियाँ वेबसाइट या किसी पोर्टल पर खुली रिक्तियाँ निकालने की बजाय अपने कर्मचारियों की माँग पर नियुक्त कर लेती हैं या फिर कोई रिक्तियाँ किसी खास आदमी को ध्यान में रखते हुए निकाली जाती है। यही वजह है कि नौकरी के इच्छुक इस तरह की नौकरी के बारे में नहीं जान पाते। बेशक, अगर आप इस तरह की नौकरी को तलाशना करना चाहते हैं, तो आपको वेबसाइट का सहारा छोड़कर कोई और तरीका तलाशना होगा।

नेटवर्किंग हो मजबूत

इस तरह की नौकरी हासिल करने का सबसे बेहतर तरीका यही है कि आप नेटवर्किंग को मजबूत करें, ताकि कंपनियों में मौजूद आपके शुभचिंतक आपको इस तरह की नौकरी के बारे में सूचित कर दें। इसके लिए आपको बिजनस इवेंट्स या कंपनियों के दूसरे इवेंट्स में जाकर उनके कर्मचारी से नेटवर्किंग मजबूत करनी चाहिए। आप चाहें, तो इसके लिए सोशल नेटवर्किंग साइट्स का भी सहारा ले सकते हैं। इन साइट्स पर आप शीर्ष कंपनियों के कर्मचारियों को तलाश कर उनसे

नेटवर्किंग विकसित करने की कोशिश कर सकते हैं।

ई-मेल से बनेगी बात

हालाँकि नेटवर्किंग के सहारे नौकरी हासिल करना या रिक्तियों का पता लगाना इतना आसान भी नहीं है। ऐसे में, आप दूसरा तरीका भी अपना सकते हैं। इसके लिए सबसे पहले आपको तय करना होगा कि आप कौन-सी कंपनी के किस डिपार्टमेंट में काम करना चाहते हैं। उसके बाद आप उस कंपनी की वेबसाइट या सोशल साइट से उस विभाग के मुख्यअधिकारी की ई-मेल आईडी पता लगायें और उसे एक ई-मेल भेजें। इस मेल में आप अपने बारे में अपनी शैक्षिक योग्यता और आप किस तरह उनके साथ बेहतर काम कर सकते हैं, वगैरह लिख सकते हैं। यह बताने की जरूरत नहीं है कि आपका यह ई-मेल बेहद नम्र भाषा में लिखा होना चाहिए, क्योंकि आप बिना रिक्त पद के नौकरी माँग रहे हो।

मिल सकता है चांस

ऐसा कतई जरूरी नहीं है कि इस तरह की ई-मेल से कोई मैनेजर आपको वाकई नौकरी प्रदान कर दें, लेकिन इतना जरूर है कि आपकी यह कोशिश उसे भविष्य में याद रह सकती है। दरअसल, जब कंपनी मैनेजर्स को कम लोगों को नियुक्त करना होता है, तो वे खुली रिक्तियाँ निकालने की बजाय अपने पुराने रिफरेंस या फिर अपने कर्मचारियों की सिफारिश को भी तरजीह देते हैं। बेशक, ऐसे लोगों को भी टेस्ट और इंटरव्यू का सामना करना पड़ता है। लेकिन उन्हें यह फायदा जरूर होता है कि उन्हें बिना खुली रिक्तियाँ के मौके मिल जाते हैं।

6. नौकरी का अनुकरण करो

किसी नौकरी के लिए आवेदन भेजने के बाद किसी भी अभ्यर्थी की सबसे बड़ी चिंता यही होती है कि उसका आवेदन पत्र ठीकठाक पहुँच गया या नहीं। बेशक, इसी चिंता में तमाम लोग अपने आवेदन पत्र को तमाम स्तर पर अनुकरण करने की कोशिश करते हैं। हालाँकि कई बार अपने आवेदन पत्र को अनुकरण करने की चाहत में वे हायरिंग मैनेजर को इतना परेशान कर देते हैं कि उन्हें फायदे की बजाय नुकसान हो जाता है। जानते हैं कि आप हायरिंग मैनेजर को बिना परेशान किए कैसे अपने आवेदन पत्र का अनुकरण कर सकते हैं।

अंतिम तिथि वाली नौकरी

अगर आपने किसी ऐसी नौकरी के लिए आवेदन किया है, जिसकी अंतिम तिथि भी दी गयी है। ऐसे में, आपको अंतिम तिथि खत्म होने के कुछ दिनों तक अपने आवेदन पत्र को अनुकरण करने की कोशिश नहीं करनी चाहिए। विशेषज्ञों का मानना है कि अंतिम तिथि देने का मतलब यह है कि हायरिंग मैनेजर उसके निकल जाने के बाद ही नौकरी के आवेदन पत्रों को बारीकी से देखना करना शुरू करते

हैं। इसलिए अगर आप इससे पहले मैनेजर से बातचीत करेंगे, तो वह परेशान हो सकता है। ऐसे में, बेहतर होगा कि आप अंतिम तिथि खत्म होने तक इंतजार करें।

बिना अंतिम तिथि की नौकरियाँ

हालाँकि अगर किसी नौकरी में अंतिम तिथि नहीं दी गयी है, तो आपके रास्ते शुरुआत से ही खुले हैं। ऐसे में, आप नौकरी के लिए आवेदन करने के करीब एक हफ्ते बाद अपने आवेदन पत्र का अनुकरण कर सकते हैं। हालाँकि इस एक हफ्ते में आपको कुछ जरूरी होमवर्क निपटा लेना चाहिए। सबसे पहले उस कंपनी के हायरिंग मैनेजर को ट्विटर पर तलाशें, जिसके लिए आपने आवेदन पत्र भेजा है। उसे ट्विटर पर तलाश करने के अलावा दूसरी सोशल साइट्स पर भी उसके साथ दोस्ती करें।

इस तरह, आपका नाम हायरिंग मैनेजर के लिए सामान्य हो जायेगा। इसके अलावा, आप सोशल साइट पर कुछ ऐसा पोस्ट कर सकते हैं, जो कि मैनेजर की नजरों में आपको बुद्धिमान साबित करे। इसके बाद, आप मैनेजर से सीधे पूछ सकते हैं, 'क्या आपको मेरा आवेदन पत्र मिल गया है? यह सवाल आप उससे ईमेल से भी पूछ सकते हैं।

अध्याय - 6

पहली नौकरी की तलाश

आपके करियर में ऐसा मोड़ भी आता है जब आप निर्णय नहीं ले पाते कि क्या सही है और क्या गलत? अजय अपनी पढ़ाई पूरी कर नौकरी की तलाश में भटक रहा था। उसे समझ में नहीं आ रहा था कि आखिर शुरूआत कहाँ से की जाये? अगर आप भी अजय जैसी मनोदशा से गुजर रहे हैं तो खुद को इन सवालों के आधार पर परखें-

क्या आपके नौकरी ढूँढ़ने का तरीका बिल्कुल सही है? : इसका सबसे आसान उपाय है कि आप नौकरी ढूँढ़ने के सामान्य तरीकों पर अमल करें। फिर यह देखें कि आपका तरीका कहाँ तक आपको सफलता दिला रहा है। आप इंटरनेट, क्लासीफाइड, आदि का सहारा ले सकते हैं। यह तरीका काफी आसान होता है, जिससे आप अपने लक्ष्य भी आसानी से पहचान पाते हैं और इस बहाने आप अपना भी आकलन बखूबी कर लेते हैं।

ऐसी कोई कम्पनी जिसमें आप काम करना चाहते हैं, लेकिन वह कम्पनी नौकरी के सम्बन्ध में कोई जानकरी उपलब्ध नहीं कराती तो ऐसे में आप अपने लक्ष्य तक कैसे पहुँचेंगे?

इसका सबसे आसान तरीका है कि आप उस कम्पनी में किसी ऐसे व्यक्ति से पहचान बनाने कोशिश करें जो आपको कम्पनी के किसी जिम्मेदार व्यक्ति से मिला सके। यह जरूरी नहीं वह व्यक्ति उसी विभाग में काम करता हो, जिसमें काम करने के आप इच्छुक हैं। वह केवल आपका माध्यम बनेगा। जो आपको कम्पनी में सही व्यक्ति से आपकी पहचान कराएगा। व्यक्ति का नाम मिलने के बाद आप उसे एक आवेदन लिखकर भेजें। अगर उसपर विचार किया जाता है तो

उनसे फोन पर संपर्क करने का प्रयास करें। फोन पर नौकरी के सम्बन्ध में बात न करें। यह कहकर उनसे समय लें कि आप इस क्षेत्र में उनका मार्गदर्शन चाहते हैं।

क्या आपका रिज्यूमे और बेहतर हो सकता है? : जब आप आश्वस्त हो जायें कि आपका रिज्यूमे साफ-सुथरा और प्रोफेशनल बन गया है, तो अब यह प्रयास करें कि यह दूसरों से अलग और बेहतर दिखे। अलग तरह के फोन्ट और कलर का इस्तेमाल करें। वैसे सफेद रंग के इस्तेमाल से यह ज्यादा साफ-सुथरा दिखेगा।

विषय-वस्तु पर पूरा ध्यान दें। दूसरे तरीके भी अपनाएँ, जैसे अपनी फोटो को स्कैन कर उस पर लगाएँ। लोगों का ध्यान आकर्षित करने का यह पुराना लेकिन कारगर तरीका है। कहने की जरूरत नहीं कि आपका फोटो आर्कषक हो। कई बार आपके रिज्यूमे भेजने के तरीके भी इंटरव्यू लेने वाले को प्रभावित कर सकते हैं। यह सारे उपाय आपको नौकरी पाने में सहायक होंगे। वैसे प्रतियोगिता की दौड़ काफी तेज हो गयी है। अपना रिज्यूमे भेजने से पहले उसकी शुद्धता की जाँच जरूर कर लें।

रिज्यूमे बनाने में सबसे ज्यादा गलतियाँ कौन-सी होती हैं? : सबसे बड़ी गलती लोग यह करते हैं कि वे अपना रिज्यूमे इस प्रकार बनाते हैं, जैसे लांड्री में दिए कपड़ों की सूची बनाई जाती है। आप एक-एक करके उस सूची में अपने पूर्व के अनुभवों को जोड़ते जाते हैं। लेकिन आप इस बात का अंदाजा नहीं लगा सकते कि जो आपका रिज्यूमे पढ़ रहा है वो आपको अपनी कम्पनी के मापदण्डों और जरूरतों के अनुसार जाँचता है। उसके अनुसार ही आपकी क्षमताओं को परखा जाता है। यदि कम्पनी की जो जरूरत है, वह आपके पास है और आपने अपने रिज्यूमे में दर्शा दिया है तो समझिए आपका काम हो गया। इसलिए एक ही रिज्यूमे बनाकर सभी जगह भेजने की भूल न करें। नौकरी और कंपनी की जरूरतों का अंदाजा लगाकर इसमें फेरबदल करके ही भेजें।

1. जॉब@सोशल साइट

इन दिनों सोशल नेटवर्किंग साइट का दायरा दिन ब दिन बढ़ता ही जा रहा है। अब यह केवल मनोरंजन और दोस्तों से चैट करने का ही जरिया नहीं रह गया है, बल्कि इस माध्यम का उपयोग इन दिनों जॉब की तलाश करने के लिए भी खूब किया जा रहा है। खासकर उन लोगों के लिए, जो तकनीकी रूप से मजबूत हैं उनके लिए सोशल नेटवर्किंग साइट जॉब सर्च का बेहतरीन माध्यम बन गया है। भारत में सोशल नेटवर्किंग का क्या है ट्रेंड? कैसे इस माध्यम से जॉब की तलाश की जा सकती है? आइए जानते हैं इस बारे में ....

भारत में सोशल नेटवकिंग साइट के जरिए जॉब तलाश करने का ट्रेंड कितना पुराना है?

इस समय सोशल नेटवर्किंग साइट के जरिए जॉब सर्च का चलन भारत में

धीरे-धीरे बढ़ रहा है। वैसे यह भारत के लिए अभी यह ट्रेंड बिल्कुल नया ही कहा जा सकता है। हालाँकि अमेरिका, ब्रिटेन आदि जैसे विकसित देशों में सोशल नेटवर्किंग साइट के माध्यम से नौकरी खंगालने का ट्रेंड काफी पुराना है। सोशल नेटवर्किंग साइट की खासियत यह है कि यहाँ आप अपने पंसद के लोगों के साथ सम्बन्ध विकसित कर सकते हैं। आज कई कंपनियाँ लोगों का रेज्यूमे नहीं ले रही हैं। ऐसी स्थिति में सोशल नेटवर्किंग साइट आपको इस तरह की सुविधा देती है कि आप अपने क्षेत्र के लोगों के साथ साइट पर सम्बन्ध विकसित कर सकें।

किन सोशल नेटवर्किंग साइट के प्रति लोगों का रूझान अधिक है? : भारत में कई सोशल साइट हैं, जो प्रोफेशनल्स को जॉब तलाशने में मदद करती है। इनमें लिंक्डइन, ऑर्कुट, फेसबुक, अपनासर्किल आदि साइट हैं। इन साइट्स के इस्तेमाल करने वालों की संख्या लाखों-करोड़ों में हैं। आज सोशल साइट पर केवल पेशेवर ही नहीं, बल्कि नियोक्ता भी अपने पसंदीदा प्रतियोगी तलाश करने लगे हैं। वैसे भी इन दिनों सोशल नेटवर्किंग साइट्स के प्रति लोगों का रूझान तेजी से बढ़ा है, ताकि आपसी सम्बन्ध मजबूत कर नौकरी की तलाश की जाये। हालाँकि आज कई सोशल साइट्स भी हैं, जो प्रोफेशनल्स को एक-दूसरे की रेज्यूमे को आगे बढ़ाने की सुविधा देती है।

इस माध्यम से कैसे नौकरी हासिल की जा सकती है? : इस माध्यम के जरिए नौकरी की तलाश करना बेहद आसान है। लेकिन इसके लिए जरूरी है कि आप खुद की ई-ब्रांडिंग करें। यह इसलिए भी जरूरी है, क्योंकि इसके बिना आप नियोक्ता का ध्यान अपनी ओर आकर्षित नहीं कर पायेंगे। दरअसल, यह ऑनलाइन माध्यम है इसलिए आपको अपना प्रोफाइल भी काफी दमदार बनाना होगा। यह जरूर ध्यान रखें कि आपसे जुड़ी तमाम छोटी से छोटी जानकारी भी आपके प्रोफाइल में हो। खासकर अपने प्रोफाइल में उपलब्धियों का जिक्र जरूर करें और हो सके तो उपलब्धियों को बिन्दुओं में देने की कोशिश करें। एक बात और अधिक से अधिक साइट्स पर अपना अकाउंट खोलने की बजाय कुछ अच्छे साइट्स को ही तरजीह दें। इसके अलावा, कुछ और बातों का भी ध्यान रखें, जैसे-

- जब आप अपना अकाउंट खोलते हैं, उसमें अपना पूरा विवरण देने की कोशिश करें, जैसे- पढ़ाई, कार्य, अनुभव, शौक, उपलब्धि, फोटो आदि।
- हमेशा नए सम्बन्ध विकसित करने की कोशिश करें।
- नेटवर्किंग के जाल को मजबूत बनाने की पहल करें।
- अपने प्रोफाइल के प्रति सक्रिय रहें।
- साइट के जरिए अपनी स्किल को अधिक से अधिक उभारने की कोशिश करें।

कंप्यूटर और इंटरनेट के अधिकाधिक प्रयोग अब न सिर्फ शिक्षा व जानकारियों

के लिए हो रहा है, बल्कि रोजगार देने और रोजगार ढूँढ़ने में भी हो रहा है। कभी रोजगार समाचार पढ़कर कंपनियों और संस्थानों का चक्कर लगाते-लगाते हम थक जाते थे। इसमें समय व ऊर्जा के साथ काफी धन भी खर्च होता था, लेकिन इंटरनेट ने अब यह काम आसान बना दिया है। यही वजह है कि आज ऑन-लाइन नौकरी तलाशने वालों की संख्या बढ़ती जा रही है। अब वह दिन दूर नहीं, जब ई-नियुक्ति रोजगार देने का सबसे लोकप्रिय जरिया बन जायेगी।

कंपनियों की बढ़ती रुचि एवं कर्मचारियों के बढ़ते प्रोफाइल के कारण रोजगार पोर्टलों ने पिछले दो साल में काफी तरक्की की है। अब कई कंपनियाँ अपने यहाँ नियुक्ति के लिए जॉब साइट्स का सहारा लेने लगी हैं।

अपना प्रोफाइल कैसे बनायें?

ब्रांड बैंड का ही कमाल है कि आज साक्षात्कार से लेकर प्रवेश परीक्षा तक सब कुछ ऑन लाइन होने लगा है। अब आईटी, आईटीईएस, वित्तीय सेवाओं से जुड़ी कंपनियाँ पचास प्रतिशत से ज्यादा कर्मचारी की भरती ई-नियुक्ति से कर रही हैं। ऐसे में, आपके बायोडाटा का प्रभावशाली होना जरूरी है। इसके लिए सबसे पहले आपको किसी भी जॉब पोर्टल पर अपना रजिस्ट्रेशन करना पड़ता है।

रजिस्ट्रेशन करते समय ध्यान रखें

रजिस्ट्रेशन के लिए आपको एक ऑन लाइन फॉर्म भरना होता है। इस फॉर्म में अपना नाम, पता, ई-मेल आईडी, मोबाइल नंबर जैसी बुनियादी जानकारियों के अलावा अपने शैक्षणिक एवं व्यावसायिक योग्यता, स्किल, कैटेगरी तथा एक्सपीरिएंस के बारे में भी जानकारी देनी होती है। इस प्रक्रिया में आपको अपना लॉग-इन आईडी तथा पासवर्ड भी देना होता है, जिससे भविष्य में आप साइट पर लॉग-इन कर जॉब सर्च या अपना प्रोफाइल अपडेट कर सकते हैं। यह फॉर्म विभिन्न साइटों पर अलग-अलग हो सकती है। लेकिन इन सबका एकमात्र उद्देश्य होता है आपके प्रोफाइल के बारे में जानकारी इकट्ठा करना। इससे आपका ऑन लाइन रिज्यूमे बन जायेगा।

आवेदन का प्रारूप

नौकरी ढूँढ़ने के लिए साइट पर एक लिंक होता है, जिसे क्लिक करते ही एक नया वेब पेज खुलता है। इस पेज में आपको अपनी मनपसंद नौकरी से सम्बन्धित जानकारियाँ माँगी जाती हैं। मसलन, स्किल, लोकेशन, अनुभव, अपेक्षित तनख्वाह, ये तमाम जानकारियाँ भरकर क्लिक करते ही आपके लिए एक नया पेज खुलता है, जिस पर कई जॉब्स देखी जा सकती हैं। आप जिस क्षेत्र में दक्ष हैं, उसके लिए आप सीधे आवेदन भी कर सकते हैं। आपका यही आवेदन एक ई-मेल के रूप में नौकरी देने वाली कंपनी के पास चला जाता है। इसके बाद अगर आपका प्रोफाइल किसी कंपनी को जँचता है, तो ई-मेल या फोन करके आगे की प्रक्रिया शुरू होती है।

कंपनियाँ भी तलाशती हैं

जिस प्रकार कोई व्यक्ति नौकरी तलाशता है, उसी प्रकार कंपनियों को भी अच्छे लोगों की तलाश रहती है। वे भी जॉब साइट्स पर रिज्यूमे सर्च करती हैं। इसलिए आपको अपने प्रोफाइल में सही-सही एवं अपडेटेड जानकारियाँ रखनी चाहिए। यदि आप गंभीरतापूर्वक नौकरी तलाश रहे हैं, तो अपने अनुभव, स्किल्स एवं लोकेशन वगैरह की विस्तृत जानकारी अवश्य दें। सही उम्मीदवारों की तलाश के लिए वेबसाइटों का इस्तेमाल सौ प्रतिशत तक बढ़ चुका है, क्योंकि ऑन लाइन भर्ती उन्हें सही बायोडाटा और सही दक्षता वाले व्यक्ति चुनने के लिए सर्च विकल्पों की विविधता प्रदान करती है। आज ये कंपनियाँ भर्ती का 45 फीसदी हिस्सा ऑन लाइन भर्ती के लिए रख रही हैं, जबकि 15 से 16 फीसदी हिस्सा प्लेसमेंट एजेंसियों, 10 प्रतिशत अखबारों में विज्ञापन पर खर्च कर रही हैं। ऑन लाइन कारोबार रोजगार देने और चाहने वाले, दोनों के लिए सर्वोत्तम विकल्प बन रहा है।

वेब 2.0

आजकल कुछ नए फॉर्मेट के वेबसाइट आ रहे हैं, जहाँ आवेदक के लिए तमाम तरह की सुविधाएं मौजूद होती हैं। इसी तरह की एक जॉब साइट है- www. slideshare.net इस साइट पर आप प्रेजेंटेशन के अलावा, रेज्यूमे आदि भी अपलोड कर सकते हैं। इसके बाद यू-ट्यूब आदि जैसी साइट आपके वर्क को ऑनलाइन प्रदर्शित कर सकती है। प्रतियोगी भी इस स्रोत का इस्तेमाल करते हुए नियोक्ता से सम्बन्धित सूचनाएँ एकत्र कर सकते हैं। वैसे, आजकल देखा गया है कि अधिकतर नियोक्ता वेब-फ्रेंडली होते हैं। वे भी इस तरह की साइट का खूब उपयोग करते हैं। जाहिर है, इन साइट्स की मदद से भी नौकरी तलाशने में मदद मिलती है।

ब्लॉग्स से नौकरी की तलाश

ब्लॉग अपने विचारों को बया करने का सबसे बेहतरीन माध्यम बन कर उभर रहा है। यही वजह है कि आज चाहे नियोक्ता हो या कर्मचारी सभी ब्लॉग का खूब उपयोग करने लगे हैं। देखा जाये, तो आज नियोक्ता भी प्रतियोगियों को नौकरी पर रखने से पहले उन्हें अच्छी समझना चाहते हैं, जिसे परंपरागत इंटरव्यू के माध्यम से जानना अमूमन आसान नहीं होता है। ऐसे में ब्लॉग प्रतियोगियों को जानने-समझने का एक अच्छा जरिया बनकर उभरा है। एचआर एक्सपर्ट भी मानते हैं कि अब ब्लॉग भी चयन का एक महत्त्वपूर्ण माध्यम बनता जा रहा है। साथ ही, इस माध्यम से हमें प्रतियोगियों के विश्लेषण करने के अलावा, उनके रवैये को समझने में भी काफी मदद मिलती है, जो कि आज के कॉर्पोरेट-वर्ल्ड के लिए बेहद जरूरी है।

महत्त्वपूर्ण जॉब साइट्स

कुछ प्रमुख साइट्स

- ट्विटर डॉट काम : www.twitter.com

- लिंक्डइन डॉट कॉम : www.linkedin.com
- फेसबुक डॉट कॉम : www.facebook.com
- ऑर्कुट डॉट काम : www.orkut.com
- अपनासर्किल डॉट काम : www.apnacircle.com
- आईबीबो डॉट काम : www.ibibo.com
- जॉबफाक्स डॉट काम : www.jobfox.com

2. वर्गीकृत विज्ञापनों में भी पा सकते हैं पसंद की नौकरी

आज जब बाजार में जॉब सेक्टर सम्बन्धी तरह-तरह के आशावादी स्वर सुनाई दे रहे हैं, ऐसे में कंपनियाँ बड़े विज्ञापनों के साथ-साथ वर्गीकृत यानी क्लासीफाइड विज्ञापनों पर भी जोर देने में लगी हैं। लोकप्रिय समाचार पत्रों में प्रतिष्ठित कंपनियों के सैकड़ों क्लासीफाइड विज्ञापन आए दिन छप रहे हैं। क्लासीफाइड में तुरंत इंटरव्यू के बुलावे वाले विज्ञापन काफी कारगर सिद्ध हो रहे हैं।

इंटरनेट के अतिरिक्त रिक्त पदों से सम्बन्धित जॉब के विज्ञापन नौकरी तलाशने वालों के लिए महत्त्वपूर्ण स्त्रोत हैं। इससे नौकरी तलाशने का काम आसान हो जाता है। इन विज्ञापनों के जरिए नौकरी पाने की स्पर्धा कठिन हो जाती है। प्लेसमेंट कंसल्टैंट का अनुमान है कि इस तरह के विज्ञापनों के माध्यम से सभी प्रकार के जॉब के 15-20 प्रतिशत पदों की भरती तो होती ही है। अपने समाचारपत्र के इस सप्ताह के वर्गीकृत विज्ञापनों पर नजर डालने पर आप जान सकते हैं कि कई तरह के पदों के विज्ञापन अखबार के माध्यम से ही सामने आते हैं। सिर्फ एक दिन में ही सैकड़ों ऐसे विज्ञापन अखबार में मौजूद हो सकते हैं। सुपर स्पेशियलिटी डाक्टर्स से लेकर इंजीनियर्स, फैशन कोआर्डिनेटर्स, टयूटर्स, डीटीपी ऑपरेटर्स, मार्केटिंग एक्जीक्यूटिव्स आदि की नौकरियाँ इनमें खास हैं। इसलिए क्यों न समाचार पत्रों में प्रकाशित होने वाले विज्ञापनों के माध्यम से नौकरी की तलाश की जाये। वर्गीकृत विज्ञापन देखते समय, पूरे सेक्शन को पढ़ें। इसमें विज्ञापन एक स्थिति में नहीं होते, बल्कि थोड़ा इधर-उधर होते हैं। उदाहरण के लिए यदि आप नौकरी 'पर्सनल' हेडिंग में देखते हैं तो वह नौकरी किसी और हेडिंग के अंतर्गत भी मिल सकती है। कई समाचार पत्र बिजनेस सेक्शन में 'सिचुएशन वैकेंट' प्रकाशित करते हैं।

इस तरह के विज्ञापन अनुभवी प्रोफेशनल्स के लिए होते हैं जो मैनेजमेंट के मध्यक्रम की स्थिति चाहते हैं। 'सिचुएशन वैकेंट नोटिफिकेशन' क्लासीफाइड सेक्शन में दो फॉर्मेट में प्रकाशित होते हैं - ब्लाइंड और ओपेन।

ओपेन विज्ञापनों में कंपनी का नाम होता है, जबकि ब्लाइंड विज्ञापन में पोस्ट ऑफिस बॉक्स ऑफिस नंबर से आवेदन करना होता है। कंपनियाँ कई कारणों से ब्लाइंड विज्ञापन करती हैं। उनका उद्देश्य हमेशा किसी रिक्त पद की पूर्ति नहीं होती। कुछ मामलों में वे इसलिए भी ब्लाइंड विज्ञापन करती हैं क्योंकि वे जानना

चाहती हैं कि जिन पदों के लिए उन्होंने विज्ञापन दिया है, वर्तमान समय में उन पदों की तैयारी कितनी है। उसकी जगह यदि ब्लाइंड विज्ञापन दिया गया है और जॉब उस तरह का है जैसा आप कर रहे हैं तो सावधान हो जाइए। कंपनियाँ इसलिए भी ब्लाइंड विज्ञापन करती हैं क्योंकि उन्हें प्रतियोगियों को जवाब देना नहीं होता।

एक और कारण है जो कंपनियाँ अपने उत्पाद उपभोक्ताओं को बेचती हैं, वे कभी आवेदनकर्ता को आभार व्यक्त करने के लिए भी ऐसा करती हैं। लेकिन बहुत बड़ी कंपनियों के लिए यह काफी बोझ वाला काम भी साबित हो सकता है।

रिक्त पदों के स्थानों के लिए जब आवेदन करें तब हमेशा याद रखें कि आपका आवेदन पत्र भी वैसा ही होना चाहिए जैसे कि कंपनी के पास सैकड़ों आवेदन आते हैं। कई आवेदनकर्ता यह सोचते हैं कि तीन पैराग्राफ का आवेदन पत्र ज्यादा प्रभावशाली होता है।

क्लासीफाइड विज्ञापनदाता अकसर रिक्त पदों की पूर्ति जल्दी चाहते हैं। इसीलिए 'वाक इन इंटरव्यू' की लोकप्रियता बढ़ रही है। लंबे रिज्यूमे और मेल द्वारा काल लेटर्स भेजने में समय ज्यादा लगता है। सीधे इंटरव्यू दोनों के फेवर में हो सकता है और बिना समय गँवाए कंपनी को सही उम्मीदवार और आपको नौकरी मिल सकती है।

यहाँ कुछ ऐसे वाक्यांश दिये जा रहा हैं जो आवेदनकर्ता को लुभा सकते हैं। इस वाक्यांशों में यह बात छुपा दी जाती है कि नौकरी किस तरह का है।

इस तरह के कुछ उदाहरण :

1. 'ऊर्जावान और स्वयं काम प्रारंभ करने की क्षमता वाला आवेदनकर्ता' (इसका मतलब कमीशन पर कार्य करना हो सकता है।)
2. 'संस्थान की अच्छी योग्यता' (आपको फाइल हैंडिल करना पड़ सकती है)
3. 'भविष्य के लिए निवेश कीजिए' (मतलब यह फ्रेंचाइज या पिरामिड स्कीम हो सकता है।)
4. 'क्लाइंट से अधिक संयम' (आपको फोन का काम करना पड़ सकता है या क्लाइंट्स को 'कोल्ड काल' करना पड़ सकता है।)
5. 'प्लानिंग या कोआर्डिनेटिंग' (इसका मतलब बॉस का ट्रेवल अरेंजमेंट बुक करना पड़ सकता है।)
6. 'पूरे जीवन के लिए अवसर' (इसका अर्थ अधिक कार्य और कम वेतन हो सकता है।)
7. 'मैनेजमेंट ट्रेनिंग पोजीशन या कई स्थानों पर आकर्षक यात्रा' (बड़े क्षेत्र में सेल्स पर्सनल का काम)

3. नौकरी के विज्ञापनों की भाषा समझें

नौकरी विज्ञापन देखते ही यदि आप रिज्यूमे भेजने और इंटरव्यू की तैयारी में जुट जाते हैं तो अपनी इस आदत को बदलिए। जॉब विज्ञापनों और उस कंपनी की वेबसाइट पर दी गयी जानकारी को ध्यान में रख कर ही अपनी उम्मीदवारी को कंपनी के समक्ष प्रस्तुत करें। नियोक्ता मानते हैं कि जॉब विज्ञापन में दी गयी भाषा को समझ कर उम्मीदवार खुद को अधिक बेहतर रूप से प्रस्तुत कर सकते हैं, जब हम नौकरी के बारे में सोचना शुरू करते हैं तो जो बात सबसे पहले दिमाग में आती है, वह है नियोक्ता को अपना रिज्यूमे भेजना, ताकि इंटरव्यू का बुलावा आ सके। एक ही क्षेत्र की कंपनी होने के बावजूद कर्मचारियों के सम्बन्ध में उनकी माँग में अंतर देखने को मिलता है। ऐसे में एक ही रिज्यूमे को सभी जगह न भेजें। पर रिज्यूमे बनाने से पहले जरूरी है कि आप अपनी मनपसंद नौकरी के विज्ञापन और इसमें दी गयी भाषा को पढ़कर अच्छी तरह समझ लें। आमतौर पर विज्ञापन की भाषा यानी एक तरह से नियोक्ता की माँग पर उम्मीदवार कम ही ध्यान देते हैं और फटाफट फॉर्म भरने, रिज्यूमे भेजने और इंटरव्यू की तैयारी में जुट जाते हैं, जिससे कई बड़ी गलतियाँ हो जाती हैं।

कंपनी की वेबसाइट देखें

यदि आपको सूचना किसी प्रिंट माध्यम से मिली है तो आपका पहला काम सम्बन्धित संस्था अथवा कंपनी के बारे में ऑनलाइन उपलब्ध जानकारियों को खंगालने का होना चाहिए। फॉर्म भरने से पहले विज्ञापन की भाषा का सूक्ष्म अध्ययन कर लें 80 से 90 प्रतिशत उम्मीदवार विज्ञापन की भाषा अथवा उस संस्था की जानकारी पाने की कोशिश नहीं करते, जिसका नतीजा शुरुआती चरण में ही बाहर हो जाने के रूप में सामने आता है। एक अध्ययन के मुताबिक नियोक्ता रिज्यूमे देखने में मुश्किल से 20 से 30 सेकंड का समय लेते हैं। इसी दौरान वे सम्बन्धित उम्मीदवार के लिए अपनी राय बना लेते हैं।

वृद्धि की संभावना जानें

कंपनी की वेबसाइट से पता लग जायेगा कि वहाँ आपके करियर वृद्धि की क्या संभावनाएँ हैं और मिलने वाला वेतन व अन्य सुविधाएँ किस तरह की होंगी? उदाहरण के तौर पर यदि विज्ञापन में सेल्स पद के लिए कंप्यूटर साइंस में स्नातक उम्मीदवार की माँग की गयी है तो साफ है कि यह पद केवल सेल्स की नौकरी के लिए है, लेकिन साथ में एमबीए की अनिवार्यता भी है तो अर्थ है कि कार्य बिजनेस डेवलपमेंट के साथ मैनेजमेंट से भी जुड़ा है। स्वाभाविक है कि मैनेजर के पद पर जाने वाले के लिए आगे की संभावनाएँ सेल्स जॉब वाले की तुलना में अधिक बेहतर होंगी, जिसके लिए अनुभव और रिसर्च क्षमता की आवश्यकता होती है। विज्ञापन में स्नातक के साथ-साथ एमबीए की माँग है और आयु सीमा

दी गयी है तो इसका मतलब है कि उन्हें कुछ खास तरह के विशेषज्ञ चाहिए।

'यदि सेल्स जॉब के साथ स्थान के बारे में बताया गया है तो इसका अर्थ है कि सम्बन्धित क्षेत्र में कार्य अनुभव रखने वाले व्यक्ति अपने स्थान का भी उल्लेख करें, क्योंकि कंपनी का ध्यान स्थानीय बिजनेस पर है। उदाहरण के तौर पर इंश्योरेंस का क्षेत्र। पदों की कार्य प्रकृति को समझें यदि विज्ञापन में विशिष्ट योग्यता के साथ ग्राहकों के बारे में अनुभव को भी शामिल किया गया है तो इसका अर्थ है कि उम्मीदवार रिज्यूमे में अनुभव वर्ष, अपनी विशिष्ट उपलब्धियों और जिस कंपनी के साथ काम कर चुके हैं, उसका विवरण भी दें। विज्ञापन में हर बात स्पष्ट नहीं की जा सकती, लिहाजा संक्षेप में लिखी बातों के गूढ़ अर्थ के अनुसार आवेदन करें व इंटरव्यू के दौरान प्रश्नों के उत्तर दें।यदि ग्राहकों को कंपनी से जोड़ने के बारे में आपके पास कोई खास योजना है तो इसका आप संक्षेप में वर्णन कर सकते हैं। रिज्यूमे में कमिटमेंट और डेडिकेशन जैसे शब्दों के प्रयोग से बचें, यह आपके व्यक्तित्व से झलकना चाहिए।

अनुभव में तोलमोल कर सकते हैं

नौकरी देते समय आपका अनुभव काफी महत्त्व रखता है, पर इस सम्बन्ध में कंपनियाँ आपकी अन्य योग्यता के मुताबिक तोलमोल करने को भी तैयार रहती हैं। बेहतर लेखन क्षमता और प्रस्तुति भी काफी मायने रखते हैं। उदाहरण के लिए यदि आप सेल्स में हैं तो बहुत सारे प्रपोजल्स आदि तैयार करने की आवश्यकता होती है, जिसे नियोक्ता शुरू में ही परखते हैं। यदि विज्ञापन में पिछली कंपनी के वेतन समेत कुल सीटीसी को पूछा गया है तो साफ है कि कंपनी शुरू के चरण में ही इसके आधार पर योग्य उम्मीदवारों का चयन करना चाहती है। इसलिए बेहतर होगा कि आप सीटीसी की जानकारी में बोनस व मिलने वाली अन्य सुविधाओं के साथ अपेक्षित वेतन का भी उल्लेख करें।

छोटी बातों के गूढ़ अर्थ

कई बार विज्ञापन में दिए गए पद और उसके कार्य की प्रकृति में अंतर होता है। उदाहरण के तौर पर हेल्थकेयर स्पेशलिस्ट और हेल्थ असिस्टेंट में फर्क होता है। इसी तरह यदि किसी विज्ञापन में फ्रेशर्स के साथ अनुभवी लोगों को भी आवेदन के लिए कहा गया है तो इसका अर्थ है कि कंपनी को बहुत थोड़े अनुभव वाले उम्मीदवार चाहिए और वह ज्यादा वेतन देने की पक्षधर नहीं है। इसी तरह फार्मेसी की योग्यता में बी-फार्मा अथवा एम-फार्मा माँगा है तो इसका अर्थ है कि अनुभव के आधार पर कंपनी दोनों के लिए अलग वेतनक्रम पर विचार करेगी।

उम्मीदवार को अपनी फोटोग्राफ भी देनी चाहिए

ज्यादातर उम्मीदवार ऐसा नहीं करते, लेकिन यह ठीक नहीं। फ्रेशर्स को अपनी शिक्षा के साथ दूसरे क्षेत्रों में विशिष्ट गतिविधियों व उपलब्धियों को भी देना

चाहिए। उदाहरणार्थ नेतृत्व कौशल आदि। कई बार कंपनियाँ रहने और आने-जाने की सुविधाएँ देने की भी बात कहती हैं, लेकिन ऐसे मामलों में आने वाला खर्च प्रायः आपके वेतन से ही काटा जाता है। आमतौर पर जॉब विज्ञापन में माँगे गये कार्य अनुभव में नियोक्ता 10 से 20 प्रतिशत तक का लचीला रुख अपना लेते हैं। खासतौर पर यदि उम्मीदवार की प्रेजेंटेशन और कम्युनिकेशन स्किल अच्छी है तो नियोक्ता उम्मीदवार के अनुभव से समझौता कर लेते हैं। इसलिए माँगी गयी योग्यता से थोड़ी कम योग्यता होने पर भी उम्मीदवार को आवेदन कर देना चाहिए।

कई बार विज्ञापन में सीटीसी की माँग की जाती है। इसके द्वारा नियोक्ता पहले चरण में वेतन के स्तर पर भी उम्मीदवारों की छँटनी करना चाहते हैं। इसलिए उम्मीदवार अपने सीटीसी के बारे में जानकारी देते समय फिक्स्ड, वेरिएबल, बोनस और अन्य सभी भत्तों को जोड़ कर बतायें।

अपेक्षित वेतन की माँग नहीं रखनी चाहिए। बेहतर होगा, पहले कंपनी को अपनी ऑफर बताने दें।

4. सूझबूझ से करें नौकरी का चयन

नौकरी पाने के सपने को सच होता देख किसे अच्छा नहीं लगता। यही तो वह सपना होता है जिसकी वजह से कोई भी व्यक्ति अखबार के क्लासिफाइड सेक्शन का एक-एक शब्द पढ़ डालता है। इसी सपने को सच करने की मेहनत में हजारों कंपनियों में इंटरव्यू के लिए अर्जी देता है। इंटरव्यू कॉल आने पर वह बहुत खुश होता है और नौकरी मिल जाने पर वह आँख बंद करके 'हाँ' बोल देता है। लेकिन ये इतना सरल नहीं। ऐसे बहुत से विषय हैं जिनके बारे में नौकरी के लिए हाँ बोलने से पहले जरूर सोचा जाना चाहिए।

वैसे जानें कि यह ऑफर अच्छा है या नहीं? इस प्रश्न के उत्तर के लिए कुछ बिंदुओ पर ध्यान देना जरूरी है जैसे-

वेतन - यह विषय तो नौकरी लेने से पहले सोचा जाने वाला आम विषय है, लेकिन इससे जुडी एक बात है। कई बार लोग नौकरी अच्छी होने के बाद भी वेतन की वजह से उसे छोड़ देते हैं। अगर आपको नौकरी और उससे जुड़ी संभावनाएँ सही लग रही हैं तो वेतन के बारे में एक बार बात करके जरूर देखें। हो सकता है कि आपकी बात मान ली जाये।

ऑफिस से घर की दूरी- इस ओर भी थोड़ा ध्यान देना जरूरी है। इंटरव्यू के लिए जाते समय जो दूरी ठीक लग रही थी हो सकता है रोज जाने के लिए वही दूरी थोड़ी ज्यादा लगे।

ऑफिस का माहौल- आपको काम करने में मजा तभी आएगा जब काम करने वाली जगह का माहौल खुशनुमा होगा। अगर ऑफिस का माहौल आपके

अनुरूप है तो यह आपको अच्छा काम कर दिखाने में मदद करेगा। आपको बस यह देखना है कि जिस दफ्तर में आप काम करने का मन बना रहे हैं, वहाँ के माहौल में आप कितनी जल्दी ढल जायेंगे।

आपके बॉस और सहकर्मी- आपके बॉस और सहकर्मी कैसे हैं, यह जानना तो सबसे महत्त्वपूर्ण है। जिनके साथ आपको काम करना है अगर वे लोग सही नहीं होंगे तो उस जगह काम करना शायद मुश्किल हो जाये।

इंटरव्यू के समय देखने की कोशिश कीजिए कि दफ्तर में बैठे लोगों का रवैया कैसा है। क्या वे सब खुशमिजाज और मित्रवत् हैं? यह थोड़ा मुश्किल है लेकिन जरूरी भी। अपने जान-पहचान में से ऐसे लोगों से बात करने की कोशिश करें जो वहाँ काम करते हों या वहाँ काम करने वाले किसी व्यक्ति को जानते हों।

सारी चीजों पर सोचकर आप जो भी फैसला करें नौकरी लेने का या छोड़ने का, इस बारे में उस दफ्तर में जरूर बतायें। यह इसलिए जरूरी है क्योंकि आप नहीं जानते हैं कि भविष्य में आपके लिए क्या छुपा हुआ है। हो सकता है इन्हीं लोगों से आपका फिर कभी सामना हो जाये। अपने हाथों अपनी छवि बिगाड़ना कोई समझदारी तो नहीं।

5. प्रवीणता से मिलेगी नौकरी

अगर आप जल्द से जल्द नौकरी हासिल करना चाहते हैं, तो आपको अपने भीतर प्रवीणता विकसित करनी होंगी। यकीन मानिए, आजकल हरेक कर्मचारी सबसे पहले प्रवीणता को तलाशता है। पिछले कुछ सालों में कॉरपोरेट दुनिया में तकनीकी ज्ञान के साथ ही सॉफ्ट स्किल की अहमियत भी बहुत बढ़ गयी है। इसका सबसे जरूरी हिस्सा है प्रभावी संवाद क्षमता। इसके अलावा कार्य के प्रति समर्पण, टीम वर्क, अपने कार्य की समीक्षा, दृष्टिकोण, जटिल स्थिति में धैर्यपूर्वक रास्ता निकालने की क्षमता पर भी सफलता काफी हद तक निर्भर करेगी। बेशक शैक्षिक व तकनीकी ज्ञान की तुलना में सामाजिक-व्यावहारिक ज्ञान कम महत्त्वपूर्ण लगता है, लेकिन हकीकत यह है कि अब करियर में सफलता के लिए यह सबसे बड़ा ब्रह्मास्त्र बन चुका है। हाल ही में एक आईटी कंपनी ने 73 फीसदी मेरिट वाले लोगों को केवल इसलिए इंटरव्यू कॉल नहीं किया, क्योंकि उनमें सामाजिक तौर तरीकों की कमी थी।

क्या है साफ्ट स्किल?

हैरानी होती है, जब बेहतरीन शैक्षिक-तकनीकी योग्यता के बावजूद कोई व्यक्ति करियर में आगे नहीं बढ पाता, जबकि कोई औसत व्यक्ति आगे बढ़ जाता है। गहराई से देखने पर पता चलता है कि दूसरे व्यक्ति में व्यावहारिक-सामाजिक ज्ञान पहले की तुलना में अधिक है। सॉफ्ट स्किल को लाइफ स्किल या सरवाइवल स्किल के नाम से भी जाना जाता है। एक सफल व्यक्ति अपने कार्यस्थल में भी

श्रेष्ठ कार्यकर्ता होता है। ऐसा महज काम में उसकी दक्षता के कारण ही नहीं होता, बल्कि यह श्रेष्ठता कई अन्य गुणों के कारण भी आती है।

मिलनसार व व्यवहारकुशल स्वभाव, गर्मजोशी, उत्साह, सकारात्मक दृष्टिकोण, समय-प्रबंधन, बेहतर संवाद क्षमता जैसे कई अन्य गुण करियर में सफलता के लिए जरूरी हैं।

आईटी, बीपीओ, केपीओ, फार्मा, जनसंपर्क जैसे तमाम क्षेत्रों में सॉफ्ट स्किल्स की जरूरत अधिक होती है। अब विशेषज्ञ मानने लगे हैं कि व्यवहारकुशल होना हर व्यक्ति के लिए जरूरी है। सामाजिक संस्कार बचपन से दिए जाने चाहिए, ताकि आगे जाकर व्यक्ति सफल प्रोफेशनल जीवन जी सके। इसके लिए निम्नलिखित पाँच बिंदुओं को समझना जरूरी है-

- प्रस्तुति
- समय का पाबंद
- प्रस्तुतिकरण
- आत्मविश्वास
- ड्रेसिंग सेंस

6. नौकरी की तलाश में टेक्नीक से कामयाबी

नौकरी की तलाश के लिए डिजिटल टेक्नॉलजी वरदान साबित हुई है। सोशल नेटवर्किंग साइट्स, ई-मेल और स्मार्ट फोन से भी आपको नौकरी की तलाश में काफी मदद मिलती है, लेकिन स्मार्ट फोन ब्लैकबेरी उठाने और किसी कंपनी के मैनेजर को कोई मेसेज भेजने से पहले दो मिनट सोचिए क्योंकि उचित नौकरी तलाश करने के लिए उचित प्रवीणता की जरूरत होती है। लेकिन अपनी मनपसंद नौकरी पाने के लिए नई टेक्नॉलजी का सहारा लेने वाले लोग अकसर कुछ गलतियाँ कर बैठते हैं। आप कुछ तरीके अपनाकर इससे बच सकते हैं।

ज्यादा ई-मेल नहीं

अपने क्षेत्र की हर ऑनलाइन नौकरी के लिए आवेदन करने से बचें। केवल उसी नौकरी पर ध्यान दीजिए, जो आपके लिए सबसे सही हो। नेट पर अलग-अलग साइट्स देख करके अपने क्षेत्र के नियोक्ता की तलाश कर सकते हैं और उनके बारे में अहम जानकारी जुटा सकते हैं, जो बाद में आपके काम आयेगी।

अगर आप अपने फील्ड की हर जॉब के लिए ई-मेल भेजते हैं और उसके साथ आपका सीवी भी अटैच होता है तो किसी भी मैनेजर के लिए उसे डिलीट करना बेहद आसान है। अगर आप पोस्ट से आवेदन भेजते हैं तो उसका प्रभाव दूसरा होता है।

व्यक्तिगत बनें

ई-मेल भेजते समय जहाँ तक हो सके, उसे व्यक्तिगत बनायें। अगर आप अपने किसी साथी के जरिए किसी कंपनी के मैनेजर से रूबरू हो रहे हों तो उस साथी का नाम सब्जेक्ट लाइन में जरूर टाइप करें। इससे मैनेजर उस मेल को डिलीट करने से पहले दो बार जरूर सोचेगा।

सीमा में रहिए

अगर आपको किसी कंपनी के मैनेजर का मोबाइल नंबर मिल भी गया है, तो उसे बिना इजाजत कॉल मत कीजिए।

लैंड लाइन फोन

किसी कंपनी में अपॉइंटिंग अथॉरिटी से कॉन्टेक्ट करने के लिए हमेशा लैंड लाइन फोन इस्तेमाल कीजिए। हो सकता है, सेल फोन ठीक ढंग से कनेक्ट न हो पाये। बीच में ही लाइन कट जाये।

स्मार्ट नेटवर्क

अगर नेटवर्किंग साइट्स से आप जिस व्यक्ति तक अपनी बात पहुँचा रहे हैं। उनसे आप व्यक्तिगत पहचान बनाना चाहते हैं, तो उसे बिना किसी कारण इलेक्ट्रॉनिक निमंत्रण न भेजे।

डिजिटल पदचिह्न

मैनेजर रिज्यूमे और रेफरेंस से आगे जाकर भी आपके बारे में तहकीकात कर सकते है और ऑनलाइन आपका बैकग्राउंड भी चेक कर सकते हैं। इसलिए सोशल नेटवर्किंग साइट्स पर कुछ भी पोस्ट करने से पहले समझदारी से काम लें। इसी तरह ब्लॉग और ऑनलाइन फोरम में व्यक्तिगत जानकारी देने से पहले अच्छी तरह सोच लें।

7. नौकरी का सवाल है

अकसर लोगों को शिकायत रहती है कि इंटरव्यू के दौरान भेदभाव की वजह से उनका चयन नहीं किया गया। लेकिन वे यह कभी नहीं सोचते कि हो सकता है कि उनमें भी कोई कमी रही होगी।

रिक्रूटिंग सीजन में हर कोई किसी तरह नौकरी पाने की कोशिशों में जुटा है। बेशक, ऐसे में हायरिंग मैनेजर्स के ऊपर भी काफी काम का बोझ बढ़ जाता है। आखिर उन्हें ढेर सारे आवेदनों में से पहले स्कैनिंग करनी होती है और फिर चुनिंदा लोगों का इंटरव्यू लेकर उनमें से अंतिम भरती करना होता है। कई बार तो किसी रिक्त पद के लिए इतने ज्यादा आवेदन पत्र आ जाते है कि उन्हें संभालना भारी हो जाता है।ऐसे में, हायरिंग मैनेजर्स को कुछ पैरामीटर्स बनाने होते हैं, जिनके आधार पर वे आवेदकों की छंटनी करते है।

अगर आप किसी कंपनी में नौकरी के लिए इंटरव्यू देने जा रहे हैं, तो उसके बारे में जानकारी होना आपके लिए बेहद जरूरी है। अगर आपको कंपनी के बारे में आधारीय जानकारी ही नहीं है, तो आपको बाहर का रास्ता ही दिखाया जायेगा।

काम की बातें

- कंपनी की मैनेजमेंट टीम की बायोग्राफी पढ़ें। इससे आपको कंपनी के बारे में समझ बनाने में मदद मिलेगी। साथ ही, आप साक्षात्कारकर्ता के सवालों का जवाब भी आसानी से दे पायेंगे।
- सोशल साइट्स पर कंपनी के कर्मचारियों की प्रोफाइल जाँच लें। इस तरह आपको उनकी व्यवसायिक और जीवन के बारे में सोच बनाने में मदद मिलेगी। साथ ही, आप उनका ड्रेसिंग स्टाइल भी देख कर फॉलो कर सकते हैं।
- किसी भी कंपनी के बारे में जानकारी हासिल करने का सबसे स्मार्ट तरीका उसकी कॉर्पोरेट वेबसाइट की जाँच करना है। बेशक, वेबसाइट पर कंपनियाँ वही जानकारी मुहैया कराती हैं, जो वे लोगों के साथ साझा करना चाहती हैं।

अध्याय-7

रिज्यूमे की जरुरत

रिज्यूमे न सिर्फ आपकी सफलता और अनुभवों को बताता है, बल्कि कई अनकही बातों को भी कह देता है। इस पर विशेष ध्यान देना चाहिए। जिसे देखते ही नियुक्तिकर्ता को यह पता चल जाता है कि आपकी कार्यस्थल पर क्या उपयोगिता हो सकती है। जब आप नौकरी तलाश कर रहे होते हैं, तो संभावित नियुक्तिकर्ता यह तुरंत समझ जाते हैं कि कंपनी में आप कहाँ योगदान दे सकते हैं। यदि आप नई नौकरी की तलाश में नहीं भी हैं, तो भी रिज्यूमे को अपडेट करना अच्छा रहता है। इससे आप नियमित तौर पर आपको नया करने और सीखने की प्रेरणा मिलती है। जल्दबाजी में रिज्यूमे बनाते समय अकसर हमारी खास उपलिब्धयाँ छूट जाती हैं। आप यह नहीं चाहेंगे कि आपके हाथ से किसी नौकरी की अवसर मात्र इसलिए छूट जाये कि सही समय पर आपके पास अपडेटेड रिज्यूमे नहीं था। चाहे नई नौकरी की तलाश में हैं या फिर आप नौकरी कर रहे हैं, करियर की दृष्टि से अपडेटेड रिज्यूमे होना अच्छा रहता है।

1. यह होना चाहिए रेज्यूमे में

रिज्यूमे का खास गुण होता है कि वह आपकी गैर मौजूदगी में आपकी तरफदारी करे। यह करिअर –गति और क्षमता का सही मूल्यांकन दर्शाने वाला होना चाहिए। ध्यान रखना चाहिए कि रिज्यूमे प्रभावशाली और सादा हो।

एक अध्ययन से पता चला है कि किसी एक रिक्त पद के लिए कंपनी या नियोक्ता के पास करीब 500 रिज्यूमे आते है। किसी रिज्यूमे पर नजर डालने के लिए नियोक्ता के पास औसतन 30 सेकंड से 40 सेकंड होते है। आइये जाने उन बातों को जिन्हें ध्यान में रखने से रिज्यूमे प्रभावशाली बनता है।

डिटेल्स : संपर्क विवरण

रिज्यूमे बनाते वक्त बायीं तरफ में सबसे ऊपर नाम लिखना चाहिए और उसके ठीक नीचे ईमेल आईडी और उसके नीचे फोन नंबर। कई लोग नाम के साथ ही जेंडर भी लिख देते है ऐसा न करे।

रिज्यूमे में ऐसी आईडी न दें जो देखने में अजीब लगे। आईडी बिलकुल सादा होना चाहिए।

एड्रेस : पत्राचार हेतु पता

ऊपर दाहिनी ओर हमेशा पत्राचार पता दिया जाना चाहिए। इसमें नियोक्ता को पत्राचार करने में सुविधा होती है। इसे रिज्यूमे में तलाशना नहीं पढ़ता है। स्थाई पता भी देना चाहिए।

ऑब्जेक्टिव

ऑब्जेक्टिव हमेशा छोटा, सादा और सीधा हो। साफ और कम शब्दों में हो जो यह बताये कि आप कंपनी के लिए कैसे उपयोगी हो सकते है। इसके लिए अपनी योग्यता का हवाला दे सकते है।

शैक्षणिक योग्यता

योग्यता बताते वक्त रिवर्स क्रोनोलोजी का इस्तेमाल करें। एकदम नई क्वालीफिकेशन सबसे पहले लिखें और फिर नीचे की तरफ बढ़ते जायें।

अनुभव

कुल अनुभव वर्षों में बता सकते है। अनुभव के बारे में बताते हुए जिस कंपनी में अभी काम कर रहे है, वह सबसे ऊपर उसके बाद उससे पहले के अनुभव का जिक्र करें। इसके अलावा निभाए गये अहम प्रोजेक्ट्स का जिक्र कर सकते है।

व्यक्तिगत सूचनाएँ

रिज्यूमे के सबसे अंत में आप अपने पिता और माता का नाम, जन्मतिथि, वैवाहिक स्थिति भी देना चाहिए।

जन्मतिथि बताते वक्त साथ में यह भी लिख दें कि वर्तमान में आप कितने वर्ष के है। इसी तरह वैवाहिक स्थिति की भी जानकारी देना चाहिए। इसके अलावा अपनी रुचियों का विवरण भी देना चाहिए।

इनका ध्यान रखे हर दम

1. फॉन्ट का प्रयोग

याद रखे की पूरे रिज्यूमे में ज्यादा से ज्यादा दो फॉन्ट का ही प्रयोग करना चाहिए। फॉन्ट साइज आसानी से पढ़ने में आना चाहिए। इसे आप 10 रख सकते है।

2. बोल्ड, अंडरलाइन, इटैलिक

शब्दों को बोल्ड अंडरलाइन इटैलिक जरूरत से ज्यादा न करें। वाक्यों के बीच अंतर भी ठीक-ठाक हो। याद रखिये नियोक्ता को अगर उन्हें पढ़ने में दिक्कत हुई तो उन्हें आगे बढ़ते देर नहीं लगती।

3. आकार

रिज्यूमे का आकार इन्डस्ट्री और अनुभव पर निर्भर करता है। दो पेज से अधिक रिजयूमे बनाने से बचना चाहिए।

4. सीधी सपाट हो भाषा

पूरे रिज्यूमे की भाषा सीधी और सपाट रखें। तथ्यों को गोल मोल घुमाकर न रखें।

5. ज्यादा मैं, मैं नहीं

आई, माई, मी जैसे शब्दों का जरूरत से ज्यादा इस्तेमाल न करे।

6. रेफरेंस कहने पर ही दें

रेफरेंस का जिक्र तब तक न करें, जब तक निर्देश न दिए गए हो। ऐसे लोगों को तैयार जरुर रखें, जो आपको अच्छी तरह जानते हों।

7. ग्रामर व स्पेलिंग गलत न हो

स्पेलिंग पूरी लिखे। प्रूफरीडिंग जरुर करा लें। व्याकरण का खास ध्यान रखें।

8. फोटो न लगाये

फोटो न लगाये क्योंकि जिस साइज मे आप फोटो पेस्ट करेंगे, वह न तो क्वालिटी मे अच्छा आएगा और न देखने में, जाहिर है इसका अच्छा प्रभाव नहीं पड़ेगा।

2. *कितना लंबा हो रिज्यूमे*

चाहे आप नवांगतुक हों या करियर में बदलाव करना चाहते हों, नौकरी तलाशने की प्रक्रिया का सबसे पहला कदम रिज्यूमे बनाना या उसे अपडेट करना होता है। रिज्यूमे से जुड़े दो पहलू हैं कि क्या और कितनी सूचनाओं को शामिल किया जाये। इससे आप अपने रिज्यूमे की लंबाई निर्धारित कर सकेंगे।

आकर्षक शुरुआत: नियोक्ता के पास आने वाले बहुत से रिज्यूमे में एक आपका भी होगा। निश्चित रूप से आप चाहेंगे कि इंटरव्यू के लिए बुलाने वालों की लिस्ट में नियोक्ता आपका नाम भी शामिल करे। ऐसे में आपका रिज्यूमे पहली नजर में नियोक्ता को आकर्षित करने वाला होना चाहिए। पेज की शुरुआत रुचिकर और सारपूर्ण प्रोफेशनल उद्देश्य से करें। उसके बाद अपने प्रोफेशनल प्रोफाइल से जुड़ी स्किल्स को लिखें। एक फ्रेशर के रिज्यूमे में कार्य अनुभव के बारे में लिखने की कम गुंजाइश होगी। ऐसे में एक पेज का रिज्यूमे जिसमें करियर उद्देश्य और अर्हताएँ शामिल हों, पर्याप्त रहेगा। यदि आप कुछ साल का कार्य अनुभव रखते हैं

तो नौकरी सम्बन्धी जिम्मेदारियों और पूर्व नियोक्ता के पास अपनी उपलब्धियों को रिज्यूमे में लिखें। कुछ समय का कार्य अनुभव रखने वाले उम्मीदवारों के रिज्यूमे में फेश ग्रेजुएट की तुलना में अधिक सूचनाएं होंगी। ऐसे में रिज्यूमे की लंबाई दो से तीन पेजों तक हो सकती है।

सारपूर्ण और महत्त्वपूर्ण सूचनाएँ : नौकरी से जुड़ी महत्त्वपूर्ण सूचनाओं को अवश्य शामिल करें। अनावश्यक सूचनाएँ न सिर्फ आपके रिज्यूमे को बोझिल बनाती हैं, बल्कि आपके स्तर पर फोकस भी कमी भी इससे जाहिर होती है। आपके रिज्यूमे को देखकर नियोक्ता को आपकी वास्तविक क्षमताओं, नौकरी से जुड़ी आपकी स्किल्स और आप उनके लिए किस तरह बेहतर साबित हो सकते हैं, इस सम्बन्ध में स्पष्ट जानकारी मिलनी चाहिए। जैसे-जैसे आप अपने करियर क्षेत्र में आगे बढ़ेंगे, जाहिर है आपका कार्य और उससे जुड़ी जिम्मेदारियां भी बढ़ेंगी। काम से जुड़ी जिम्मेदारियों को प्रमुखता से उभारें। खासतौर पर बिल्कुल प्रारंभ की कंपनियों और अनुभव आदि सब लिखने की जगह अपनी हाल की पूर्व जॉब और प्रोफाइल के बारे में अधिक लिखें। ऐसी सूचनाएँ लिखें जो नियोक्ता पर सकारात्मक प्रभाव छोड़ेंगी।

3. रिज्यूमे के प्रकार

हालाँकि रिज्यूमे बनाने का एक ही फॉर्मूला हर व्यक्ति के लिए लागू नहीं हो सकता। एक ही फॉर्मूला का रिज्यूमे हर एक व्यक्ति की करियर परिस्थिति के अनुसार सही नहीं बैठ सकता। यही कारण है कि रिज्यूमे को कुछ प्रमुख कैटेगरी में बाँटा गया है।

क्रोनोलॉजिकल रिज्यूमे

इस प्रकार के रिज्यूमे व्यक्ति के व्यावसायिक जीवन के बारे में सामान्य जानकारी देते हैं। इसमें नौकरी में वर्तमान पद और जिम्मेदारियों का उल्लेख किया जाता है। पढ़ाई खत्म होने पर या किसी जगह नियुक्तियाँ निकलने पर जब आवेदन किया जाता है, तो आमतौर पर हम क्रोनोलॉजिकल रिज्यूमे ही बनाकर भेजते हैं, जिसमें समयवार और अवधि के अनुसार अब तक के सारे अनुभवों का उल्लेख होता है।

इस तरह के रिज्यूमे पढ़कर आसानी से समझा जा सकता है कि आपको किस कार्य के लिए बुलाना है।

फंक्शनल रिज्यूमे

इस प्रकार के रिज्यूमे कुशलता आधारित होते हैं। फंक्शनल रिज्यूमे उस समय बनाये जाते हैं, जब किसी एक खास पोस्ट के लिए आवेदन किया जा रहा हो। इसे यह सोचकर नहीं बनाया जाता कि काम चाहिए। बल्कि एक खास क्षेत्र में खास जिम्मेदारी वाले पद को लक्ष्य करके रिज्यूमे तैयार करके बनाया जाता है।

हाइब्रिड रिज्यूमे

हाइब्रिड रिज्यूमे क्रोनोलॉजिकल और फंक्शनल रिज्यूमे का मिला-जुला रूप ही होता है।

क्या चाहिए कंपनियों को

आमतौर पर कंपनियों के पास जितने रिज्यूमे आते हैं, उनमें से पहले अनुभवी प्रतिभागी का चयन करते हैं। फिर यह देखते हैं कि उसने किस कंपनी में काम किया है और उसकी टीम कितने लोगों की है। किसी फ्रेशर के रिज्यूमे में उसकी शिक्षा, और उपलब्धियाँ देखते हैं।

रिज्यूमे में दी गयी जानकारी झूठ नहीं होनी चाहिए, क्योंकि इंटरव्यू के दौरान इस बात की जानकारी लग जाती है कि आपने जो जानकारी दी है, वह कितनी सही है। अगर रिज्यूमे में दी गयी जानकारी से मिलती जुलती है या नहीं है, तो आपकी बड़ी से बड़ी उपलिब्ध बेकार हो जाती है।

नौकरी की जरुरत, योग्यता और अनुभव के आधार पर किसी प्रतियोगी को बुलाते हैं। इसलिए जरूरी है कि अपने सीवी में आप इसे बेहतर ढंग से प्रस्तुत करें।

कवरिंग लेटर साथ भेजें

कवरिंग लेटर रिज्यूमे के साथ भेजे जाते हैं। आमतौर पर किसी भी नियुक्ति के विज्ञापन में इसका उल्लेख नहीं होता है, लेकिन यह रिज्यूमे तहजीब के तहत आता है। कवरिंग लेटर में आप वह सारी जानकारियाँ दे देते हैं, जिनका उल्लेख रिज्यूमे में नहीं किया जा सकता। लेटर एक पेज से बड़ा नहीं होना चाहिए। अगर आप ई-मेल से आवेदन कर रहे हैं, तो उसे बस इतना बड़ा रखें कि एक बार में स्क्रीन पर पढ़ने में आ जाये। इसे पढ़ने में बीस से तीस सेकंड से ज्यादा का समय नहीं लगे।

4. खुद की मार्केटिंग करें रिज्यूमे से

सौरभ चार साल से एक ही कंपनी में काम कर रहा था। वह कई कंपनियों में अपने रिज्यूमे भेज चुका था, लेकिन उसे कहीं से इंटरव्यू कॉल नहीं आ रही थी। सौरभ इस बात को समझ नहीं पा रहा था कि आखिरकार कमी कहाँ है? एक जॉब कंसल्टेंट ने उसे बताया कि उसका रिज्यूमे सही नहीं है, इसलिए उसे कंपनी से कॉल नहीं आ रही है। सौरभ ने उसके द्वारा दी गयी सलाह के अनुसार रिज्यूमे बनाया।

यह तरकीब कारगर साबित हुई। उसे इंटरव्यू कॉल आनी शुरू हो गयी। सौरभ की सफलता एक उदाहरण है कि नौकरी ढूँढ़ने के लिए अच्छा सीवी, रिज्यूमे या बायोडाटा कितना अहम् भूमिका अदा करते हैं। इसमें हमेशा सावधानी बरतनी चाहिए।

खुद की मार्केटिंग

रिज्यूमे मार्केटिंग का औजार होता है, न कि करियर का संस्मरण। इसे देखकर मालूम

होता है कि आप अपनी पिछली नौकरी में कैसा प्रदर्शन कर रहे हैं? आने वाले समय में कितना आगे जा सकते हैं? आपका पिछला रिकॉर्ड कैसा है? इसलिए इसे प्रभावी नहीं बनाया, तो कर्मचारी के नाते आपकी माँग भी प्रभावित हो सकती है।

5. अपनी तारीफ करें परन्तु संभलकर

माना कि जमाना मार्केटिंग का है, लेकिन हर चीज की एक सीमा होती है। रिज्यूमे का मतलब सामान्य भाषा में अपनी योग्यता को पेश करना होता है। इसलिए इसमें ऐसा कुछ न लिखें, जो नियोक्ता को पसंद ना आये। अपने रिज्यूमे को बेहतर बनाने की चाहत हर किसी में होती है, ताकि वह ज्यादा से ज्यादा नियोक्ता ध्यान अपनी ओर आकर्षित कर सके। लेकिन इस चाहत में वे कई बार ऐसे शब्दों का इस्तेमाल कर देते हैं, जिन्हें गैर पेशेवर माना जाता है।

एचआर मैनेजर्स

कई तरह के शब्दों को लेकर लोग काफी सजग हो गए हैं। अगर किसी रिज्यूमे में उन्हें इस तरह के शब्द नजर आते हैं, तो उनकी नजरें उस पर टिक जाती हैं। जानते हैं वे शब्द कौन से हैं-

आप भी जानिए

बेशक, आप भी यह जानने के इच्छुक होंगे कि आखिर एचआर मैनेजर्स को क्या नापसंद है। विशेषज्ञ बताते हैं कि अकसर देखने में आता है कि कुछ लोग अपने आपको किसी क्षेत्र का विशेषज्ञ बताने के लिए गुरू शब्द का उपयोग करते है। मसलन मार्केटिंग का कोई विशेषज्ञ अपने रिज्यूमे में मार्केटिंग गुरू लिख दे। लेकिन हायरिंग मैनेजर को यह कतई पसंद नहीं आता। आखिरकार आप एक नये प्रतियोगी हैं और नई नौकरी के लिए आवेदन कर रहे हैं। हालाँकि कुछ क्षेत्र के विशेषज्ञ ऐसा जरूर करते हैं, लेकिन आपको खुद की उनसे तुलना नहीं करना चाहिए।

आप स्टार तो नहीं

वहीं, कुछ लोग अपने को टीम का बेहतर परफॉर्मर बताने के लिए खुद को स्टार ऑफ द टीम जैसे टैग नवाजते हैं। जबकि नियोक्ता इसे कतई पसंद नहीं करते। एक्सपर्ट्स बताते हैं कि स्टार का मतलब पूरी कंपनी का प्रतिनिधित्व करने वाले आवेदक से होता है, जबकि कॉरपोरेट कंपनियों में सभी कर्मचारियों को बराबर मौका दिया जाता है। हो सकता है कि आपकी नई कंपनी में कर्मचारियों के बीच इस तरह के टैग देने की परंपरा ही ना हो।

मैं हूँ सबसे जुदा

ऐसे आवेदकों की भी कमी नहीं है, जो खुद को सबसे जुदा मानते हैं। लेकिन वे भूल जाते हैं कि ज्यादातर कंपनियों को सबसे जुदा की बजाय सबके साथ काम करने वाले कर्मचारी जरूरत ज्यादा है। भले ही आप कितने भी जुदा क्यों न हों,

लेकिन आखिरकार आपको काम तो सब तरह के कर्मचारियों के साथ करना है। बेहतर होगा कि आप रिज्यूमे में खुद को सबसे जुदा लिखने की बजाय सबके साथ सामंजस्य बिठाने वाला लिखें, तो ज्यादा बेहतर होगा।

6. ऑन लाइन नौकरी का आवेदन पत्रा

मनचाहा करियर पाना हर किसी की चाहत होती है और करियर की दिशा में आगे बढ़ने की पहली सीढ़ी है नौकरी के लिए आवेदन करना।

आजकल सब कुछ हाइटेक हो गया है। वैसे तो युवा पीढ़ी टेक्नोलॉजी के मामले में बहुत स्मार्ट है, फिर भी ऑनलाइन नौकरी का आवेदन पत्र भेजते समय कई बार कुछ ऐसी गलतियाँ हो जाती हैं, जो आवेदनकर्ता के लिए नुकसान देह साबित हो सकती हैं। इसलिए ऑनलाइन नौकरी का आवेदन पत्र भरते समय आपको इन बातों का ध्यान जरूर रखना चाहिए :

1. हमेशा अपडेट करें रेज्यूमे : आमतौर पर युवाओं को जब वेबसाइट्स पर किसी नौकरी का विज्ञापन दिखाई देता है, वे आनन-फानन अपना वही पुराना रेज्यूमे भेज देते हैं। ऐसा न करें क्योंकि इससे नियोक्ताओं के सामने अच्छा प्रभाव नहीं पड़ेगा। हर नौकरी की अपनी प्रोफशनल माँग होती है और बिना अपडेट किए रेज्यूमे भेजने से यह जाहिर होता है कि आवेदक अपने करियर के प्रति गंभीर नहीं है।

2. जरूरी है सावधानी : रेज्यूमे तैयार करते समय यह सुनिश्चित कर लें कि उसमें आपके निजी विवरण और शैक्षणिक योग्यता से जुड़ी सारी जानकारियाँ हों। अंत में अपना मोबाइल नंबर लिखना न भूलें।

3. जॉब की जरूरतों को समझें : पहले विज्ञापन को ध्यान से पढ़कर सम्बन्धित पद के लिए जरूरी योग्यता और सॉफ्ट स्किल्स को समझें, फिर उस नौकरी से सम्बन्धित अपनी योग्यताओं को उभारते हुए नया रेज्यूमे तैयार करें।

4. सही क्रम में हों जानकारियाँ : अपने रेज्यूमे में विशेष शैक्षणिक योग्यताओं और पूर्व कार्य अनुभवों का उल्लेख जरूर करें। इस क्रम में आपकी नवीनतम शैक्षणिक योग्यता या वर्तमान जॉब का उल्लेख सबसे पहले होना चाहिए। नवीनतम योग्यताएँ आवेदक और नियोक्ता दोनों के लिए ज्यादा अहमियत रखती हैं।

5. अधूरा न हो आवेदन पत्र : नियोक्ता केवल उन आवेदन पत्रों पर विचार करते हैं, जो पूरी तरह भरी गयी हो। आवेदक को जॉब पोर्टल पर सारी जानकारियों के साथ ही रजिस्ट्रेशन करवाना चाहिए। आवेदन पत्र मेल करने से पहले अच्छी तरह जाँच कर लें।

6. अपेक्षित सैलरी का उल्लेख करें : कुछ उम्मीदवार यह बताने की जरूरत नहीं समझते कि वह कंपनी से कितनी सैलरी की उम्मीद रखते हैं। अगर आवेदन

में अपेक्षित सैलरी के बारे में पूछा गया हो तो उसका उल्लेख जरूर करें क्योंकि किसी भी पद के लिए हर कंपनी का अपना निश्चित बजट होता है। ऐसा उल्लेख कंपनी और आवेदक दोनों के लिए सुविधाजनक होता है।

7. जल्दबाजी न करें : कोई भी कंपनी कर्मचारियों का चयन पहले आओ-पहले पाओ के सिद्धांत के आधार पर नहीं करती, बल्कि उनकी योग्यता को अच्छी तरह जाँचने-परखने के बाद ही उनका चुनाव करती है। इसलिए आवेदन पत्र भेजते समय कवर लेटर और रेज्यूमे को कम से कम दो बार अच्छी तरह चेक कर लें। सबसे हास्यास्पद स्थिति तब होती है, जब उम्मीदवार ई-मेल के साथ रेज्यूमे की फाइल अटैच करना भूल जाते हैं।

8. भड़कीली फॉर्मेटिंग, लच्छेदार भाषा न लिखें : भडकीली फॉर्मेटिंग, लच्छेदार भाषा और किसी भी तरह का व्यक्तिगत निवेदन नियोक्ता के सामने न रखें। पूरी तरह औपचारिक भाषा में और पेशेवर ढंग से रेज्यूमे तैयार करें।

9. जिक्र करें : जिस नौकरी के लिए जो योग्यता माँगी जाये, सिर्फ उसी का जिक्र करें। अगर आपके पास कुछ ऐसी अतिरिक्त योग्यताएँ हैं, जिनका उस नौकरी से कोई सम्बन्ध न हो तो उनका जिक्र न करें और न ही अपनी योग्यताओं को बढ़ा-चढ़ाकर पेश करें।

10. फोन करें : अगर एक सप्ताह तक नियोक्ता की ओर से कोई जवाब न आए तो उसके फॉलोअप के लिए फोन कर लेना चाहिए, पर ध्यान रहे कि बातचीत का अंदाज शालीन हो और बार-बार फोन करके जानकारी माँगने से अच्छा प्रभाव नहीं पडता। नियोक्ता द्वारा दिए गए निर्देशों का पूरी तरह पालन करें। अगर फोन करने को मना किया गया हो तो ऐसा न करें। समझें कवर लेटर की अहमियत ऑनलाइन नौकरी के आवेदन पत्र के साथ अकसर लोग कवर लेटर भेजने की जरूरत नहीं समझते। उन्हें ऐसा लगता है कि जब रेज्यूमे में सब कुछ लिखा ही है तो अलग से कवर लेटर भेजने की क्या जरूरत है? लेकिन वास्तव में ऐसा नहीं है। ऑनलाइन नौकरी के आवेदन पत्र में कवर लेटर ही संवाद स्थापित का काम करता है। रेज्यूमे में तो आपकी योग्यता और अनुभव से सम्बन्धित जानकारियाँ होती हैं, पर जैसे बातचीत की शुरुआत से पहले औपचारिक अभिवादन जरूरी होता है, उसी तरह रेज्यूमे से पहले कवर लेटर में इस बात की जानकारी होती है कि आप अमुक उद्देश्य से अपना रेज्यूमे भेज रहे हैं। इसलिए ऑनलाइन नौकरी के आवेदन पत्र भेजते समय कवर लेटर जरूर तैयार करें और इस दौरान इन बातों का विशेष ध्यान रखें :

- कवर लेटर बिलकुल संक्षिप्त और सारगर्भित होना चाहिए।
- हमेशा बिन्दु बना कर लिखें।
- कवर लेटर में संदर्भ का उल्लेख जरूर होना चाहिए कि अमुक नौकरी के बारे में आपको कहाँ से जानकारी मिली।

- कुछ लोग कवर लेटर तैयार करते समय इंटरनेट से सामग्री उठाकर कट-पेस्ट कर देते हैं। ऐसा करने से बचें क्योंकि आपके कवर लेटर की घिसी-पिटी भाषा-शैली का नियोक्ताओं पर अच्छा असर नहीं पड़ेगा।
- ऐसी परेशानी से बचने के लिए कवर लेटर तैयार करने में इंटरनेट की मदद ले सकते हैं, लेकिन अपनी समझ से उसकी भाषा-शैली बदल लें, पर ध्यान रहे कि उसमें व्याकरण और प्रूफ सम्बन्धी गलतियाँ न हों।
- कवर लेटर में उन्हीं बातों का दोहराव नहीं होना चाहिए, जिनका जिक्र पहले से ही रेज्यूमे में किया जा चुका है।
- कवर लेटर को ई-मेल के साथ अटैच करके न भेजें। ऐसे में कई बार मेल प्राप्त करने वाले व्यक्ति को पहले रेज्यूमे और बाद में कवर लेटर दिखाई देता है। कवर लेटर भेजने का सही तरीका यह है कि उसे पहले मेल की बॉडी में टाइप करें और रेज्यूमे को उसी मेल के साथ अटैच कर दें। इससे ई-मेल चेक करने वाले व्यक्ति को पहले कवर लेटर और बाद में रेज्यूमे दिखाई देगा।

सफलता की सीढ़ी

- किसी भी नौकरी के लिए आवेदन करने से पहले उसकी माँग और शर्तों को ध्यान से पढ़ें। अगर वह नौकरी आपके अनुकूल लगे, तभी उसके लिए आवेदन करें।
- अपनी विशेष योग्यताओं को नौकरी के आवेदन पत्र में जरूर हाईलाइट करें, लेकिन उन्हें बहुत ज्यादा बढा-चढाकर पेश न करें।
- कवर लेटर तैयार करते समय हमेशा आधुनिक भाषा शैली का इस्तेमाल करें।
- आजकल युवा पारंपरिक तरीके से नौकरी तलाशने के साथ ऑनलाइन नौकरी के अवसर भी तलाश रहे हैं। जॉब पोर्टल्स की बढ़ती संख्या के कारण ऑनलाइन रिज्यूमे भेजना आम हो गया है। रिज्यूमे की भीड़ में खुद को दूसरों से अलग करने के लिए जरूरी है कि आप रिज्यूमे में कंपनियों द्वारा उम्मीदवारों में तलाशी जानी योग्यता का इस्तेमाल अवश्य करें।
- रिज्यूमे में दिये गये ये की-वर्डस आपको इंटरव्यू कॉल दिलाने में मदद कर सकते हैं। ये की-वर्डस नौकरी से सम्बन्धित आपकी शैक्षिक योग्यता और स्किल्स को जॉब सर्च मार्केट में प्रचलित शब्दों के अनुसार दर्शाते हैं। जैसे उपसंपादक या लेखन कार्य सम्बन्धी नौकरी के लिए आवेदन करते समय प्रूफ रीडिंग, रचनात्मक लेखन, लेखन क्षमता आदि आपके की-वर्डस हो सकते हैं। इसी तरह सेल्स एंड मार्केटिंग से सम्बन्धित लोग बिजनेस डेवलपमेंट, कोऑर्डिनेटर जैसे शब्द प्रयोग में लायें।
- की-वर्डस लिखने का फायदा यह है कि कंपनी द्वारा ऑनलाइन आवेदनों

की जाँच करते समय आपके रिज्यूमे पर ध्यान दिए जाने की संभावना बढ़ती है और आपका रिज्यूमे पहले नोटिस किया जाता है।

कुछ बातों का रखें ध्यान

- रिज्यूमे में की-वर्डस का प्रयोग करते समय आप शब्दों का शॉटफॉर्म भी उपयोग कर सकते हैं। आपको बार-बार विस्तार में लिखने की जरूरत नहीं है। प्रारंभ में एक बार अवश्य दोनों को लिखें।
- नेट पर रिज्यूमे फॉरवर्ड करते समय, जॉब प्रोफाइल को अवश्य ध्यान रखें। उस अनुसार ही रिज्यूमे को अपडेट करें और शब्दावली का प्रयोग करें।
- सॉफ्ट स्किल्स को दर्शाने वाले शब्द आपके रिज्यूमे को अलग पहचान देते हैं। कम्युनिकेशन स्किल, नेतृत्वकौशल, प्रस्तुतिकरण, व्यवहार कौशल आदि अपनी योग्यताओं को सही तरह से उभारें।
- की-वर्डस का प्रयोग करने के चक्कर में शब्दों के दोहराव से बचें। साथ ही गलत की-वर्डस का इस्तेमाल ना करें। ऐसा करना आपके बारे में गलत प्रभाव उत्पन्न करता है।

7. वीडियो रिज्यूमे

समय के साथ नौकरी तलाश करने की प्रक्रिया में नई तकनीकें शामिल हो रही हैं। वीडियो रिज्यूमे भी इसमें से एक है। वीडियो रिज्यूमे आपको अपने नियुक्तिकर्त्ता से बात करने और अपनी क्षमताओं और शैक्षिक योग्यता को प्रस्तुत करने का अवसर देता है। इसमें आप बेहतर तरीके से अपने संवाद कौशल और प्रस्तुतीकरण क्षमता को नियुक्तिकर्ता के समक्ष रख सकते हैं। यदि आप भी वीडियो रिज्यूमे बनाने जा रहे हैं, तो इन बातों का ध्यान रखें :

शोध करें : वीडियो रिज्यूमे के सम्बन्ध में ऐसे लोगों से बात करें, जो पहले से इस सम्बन्ध में जानते हैं। इंटरनेट की मदद भी ले सकते हैं। विशेषज्ञों से बात कर सकते हैं कि वीडियो रिज्यूमे में क्या बातें आकर्षित करती हैं। किन बातों से बचना चाहिए। इसके बाद ही इस बात का निर्णय लें कि आपके वीडियो रिज्यूमे का प्रारूप क्या होगा।

तकनीकी पहलुओं को सही रखें : वीडियो रिज्यूमे बनाने के तकनीकी पहलुओं का भी ध्यान रखें। कैमरे के प्रकार, संपादकीय टूल व अन्य उपकरण जो इस प्रक्रिया में इस्तेमाल होंगे, उनकी जानकारी हासिल करें। ऐसी वेबसाइट्स ढूंढ़ें, जहाँ आप वीडियो अपलोड कर सकते हैं।

विषयवस्तु के बारे में निर्णय : विषयवस्तु के तौर पर वीडियो रिज्यूमे में क्या होना चाहिए इस बात का फैसला करें। रिज्यूमे में वही बातें लिखें जो उस बाजार विशेष में बिकती हैं यानी पसंद की जाती है।

अच्छी तैयारी करें : कैमरे का सामना करने से पहले पूरी तरह तैयारी कर लें। अन्यथा संपादन और रिटेक करने में अधिक समय व्यर्थ करना पड़ेगा।

यदि पहले से तैयारी नहीं की है तो इस बात की भी संभावना होगी की वीडियो में आप असहज और नर्वस लगेंगे।

सरल और संक्षिप्त : यह ध्यान रखें कि वीडियो ऐसे फॉरमेट में शूट करें, जहाँ आपके रिज्यूमे की फाइल साइज बहुत भारी नहीं हो ताकि नियुक्तिकर्ता कम नेटवर्क स्पीड पर भी रिज्यूमे का देख सके। रिज्यूमे को संक्षिप्त रखें। ध्यान रखें कि नियुक्तिकर्ताओं के पास अधिक समय नहीं होता। ऐसे में लंबे रिज्यूमे में तुरंत बात प्रेषित नहीं होगी। अतः अपना संदेश छोटा रखें।

अध्याय-8

कवरिंग लेटर

बायोडाटा, सीवी या कहें रिज्युमे को नौकरी की तलाश करते युवाओं के लिए आइना कहा जाता है। इसको बनाते समय अभ्यर्थी इतने एकाग्र दिखते हैं कि उन्हें देखकर पहली नजर में किसी को भी लग सकता है कि ये बायोडाटा के माध्यम से अपने आपको अधिक से अधिक या यूँ कहें कि सबसे योग्य दिखाने के लिए कोई कसर नहीं छोड़ना चाहते हैं। लेकिन क्या आपको पता है कि आपका बायोडाटा तब तक अधूरा है, जब तक उसके साथ कवरिंग लेटर न नत्थी हो?

एक अच्छा कवरिंग लेटर साधारण चेहरे पर मेकअप की तरह होता है, जिससे बायोडाटा का आकर्षण बढ़ जाता है। करियर की पहली सीढ़ी होती है- कवरिंग लेटर। अंग्रेजी में कहावत है, 'मॉर्निंग शो द डेज'। इसका मतलब यह है कि शुरुआत जितनी बेहतर होगी, आपका दिन भी उतना ही बेहतर होगा। अच्छे करियर के लिए आपके पास सारी योग्यताएं तो हों ही, पर उसे ठीक तरीके से प्रस्तुत करना अगर आपको नहीं आता, तो आपकी योग्यता का मूल्य जीरो हो जायेगा।

किसी भी करियर में जाने की पहली सीढ़ी है- आपका बायोडाटा या कवरिंग लेटर। बायोडाटा ऐसा संक्षिप्त विवरण है, जो नियोक्ता के सामने आपकी सभी योग्यताओं, ज्ञान और अनुभव को एक साथ इस प्रकार प्रस्तुत करता है कि नियोक्ता आपकी कार्यकारी क्षमताओं और व्यक्तित्व का अनुमान आसानी से कर सकें।

1. रिज्यूमे के साथ जरूर भेजिए कवरिंग लेटर

एक खूबसूरत कवरिंग लेटर न केवल आपका अच्छा परिचय देता है। बल्कि मैनेजर को आपका इंटरव्यू लेने के लिए मजबूर भी करता है। अगली बार किसी कंपनी में नौकरी के लिए आवेदन करते वक्त रिज्यूमे के साथ कवरिंग लेटर जरूर लिखें। इसमें बतायें कि आप किस पद के लिए आवेदन कर रहे हैं।

2. कवर लेटर कैसे लिखें?

यद्यपि किसी भी नौकरी के विज्ञापन में केवल रिज्यूम देने के लिये ही कहा जाता है तथा किसी भी प्रकार के कवर लेटर की माँग नहीं होती, तो भी अपेक्षा की जाती है कि आप अपने रिज्यूम के साथ कवर लेटर भी दें। वास्तव में देखा जाये

तो आपके रिज्यूम को पढ़ने वाले पर सबसे पहले कवर लेटर का ही प्रभाव पड़ता है क्योंकि आपको नौकरी प्रदान करने वाला आपके कवर लेटर को पढ़ने के बाद ही आपके रिज्यूम को पढ़ता है। आपके कवर लेटर को पढ़कर ही पढ़ने वाले को एक अंदाजा हो जाता है कि यह आदमी हमारे काम का है या नहीं।

कवर लेटर लिखते समय ध्यान देने वाली आवश्यक बातें-

स्वयं के शब्दों में लिखें: स्वयं के शब्दों में लिखे गये कवर लैटर का अपेक्षाकृत अधिक प्रभाव पढ़ता है। आपके लिखने की भाषा-शैली तथा ढंग पढ़ने वाले को बताते हैं कि आप किस प्रकार के व्यक्ति हैं। इसलिए अपना कवर लेटर किसी और से न लिखवा कर स्वयं ही लिखें। किसी सामान्य रूप से लिखे गये कवर लेटर को कॉपी-पेस्ट कभी भी न करें

हिज्जों तथा व्याकरण की गलतियाँ बिल्कुल न करें: यह एक सामान्य बात है कि पढ़ने वाला हमेशा ही कुछ न कुछ गलती निकालने का प्रयास अवश्य ही करता है और वे अकसर हिज्जों तथा व्याकरण की गलतियाँ ही होती हैं। आप सामने वाले को अपनी एक भी गलती निकालने का बिल्कुल भी अवसर न दें।

नम्रता तथा सम्मान वाले शब्दों का प्रयोग करें: स्मरण रखें कि आप अपनी आजीविका के लिये नौकरी या रोजगार माँग रहे हैं। आपके कवर लैटर को पढ़ने वाला आपको नौकरी प्रदान करने वाला है अतः उसके प्रति आपको सम्मान भी प्रकट करना है और विनम्र भी रहना है। सम्मान तथा नम्रता से युक्त शब्द सभी को प्रभावित करते हैं।

सही सम्बोधन करें: आपको मालूम होना चाहिए कि आपको रोजगार देने वाले व्यक्ति का पद क्या है और उसी के अनुसार आपका सम्बोधन भी होना चाहिए। यदि रोजगार देने के लिये अधिकृत व्यक्ति किसी संस्था का 'महाप्रबंधक' है और आपने अपने सम्बोधन में 'प्रबंधक' लिखा है तो अवश्य ही इसका विपरीत प्रभाव पढ़ेगा।

अपना महत्त्व प्रदर्शित करें: अपने कवर लैटर में आपको यह भी बताना है कि नौकरी देने वाली संस्था के लिये आपका विशिष्ट महत्त्व है। आपको प्रदर्शित करना है कि आपको जॉब देने से संस्था का विशेष हित होगा। किन्तु अपने विषय में अतिशयोक्ति न लिखे और न ही इतने विस्तार में लिखें कि पढ़ने वाला ऊब महसूस करने लगे।

अर्थपूर्ण शब्दों तथा वाक्यांशों का प्रयोग करें: आपका कवर लैटर 'गागर में सागर' के समान होना चाहिए अर्थात् कम से कम अर्थपूर्ण शब्दों में आपके विषय में अधिक से अधिक जानकारी हो।

कवरिंग लेटर लिखते समय इन चार प्वाइंट्स को ध्यान रखें-

- इसे छोटा रखें। याद रखें कि इंटरव्यू लेने वाले मैनेजर के पास बहुत सारे आवेदन पत्र होंगे। उनके पास आपके लंबे लेटर पढ़ने का समय नहीं होगा। पत्र में तीन पैरा और हर पैरा में सिर्फ तीन से चार लाइन ही लिखें।
- पहले पैरा में बतायें कि आपको इस पद के बारे में कैसे जानकारी मिली। अगर कंपनी के किसी कर्मचारी से मालूम हुआ तो इसके बारे में बता दें। बतायें कि आप अपनी योग्यता या अनुभव को इस पद में कैसे दिखा सकते हैं।
- दूसरे पैरा में बतायें कि आप इस पद के लिए सबसे उचित कर्मचारी क्यों हैं? अपनी उपलब्धि को इससे जोड़ें। 'आई एम ए हार्ड-वर्कर या गुड कम्युनिकेटर' जैसी बातें न लिखें। इसके बजाय मैनेजर को अपने गुणों को एक्शन में समझाएँ। जैसे कि आपने सेल स्टाफ का लंबे समय तक प्रतिनिधित्व किया है इसलिए आप नेतृत्व का गुण विकसित कर सकते हैं।
- तीसरे पैरा में पत्र को खत्म करें। इसमें बतायें कि आपको इंटरव्यू की तारीख का इंतजार है। अपना फोन नंबर, ई-मेल आदि लिखें। पत्र को प्रोफेशनल क्लोजिंग जैसे सिन्सियरली से खत्म करके अपना नाम लिख दें।

प्रथमतया, नौकरी ढूँढ़ने वाले यह समझते हैं कि कवर लेटर की कोई खास महत्ता नहीं है। वे पारंपरिक तरीके से अपने व्यक्तिगत जानकारी को सार-संक्षेप नहीं कर पाते हैं। उनके ब्यौरे किसी खास लक्षित बाजार को देखकर तय किये गये होते हैं। वे लोग पत्र को पारंपरिक तरीके से लिखते हैं। परन्तु कंपनी यह जानना चाहती है कि आवेदक उसकी कंपनी में अपना रूचि क्यों दिखा रहे हैं?

3. सैंपल कवर लेटर

एक कवर लेटर का उदहारण।

ये 2 साल के अनुभव वाले अभ्यर्थी का कवर लैटर है...आपकी योग्यता के हिसाब से कवर लैटर अलग-अलग प्रकार के हैं।

Thomas K Eden,
32 S Riverview,
Ogden] Iowa 50113,
(515) 555-7998.
Date: 26th June, 2007.
Jack Richardson,
Hiring Manager, XYZ corp.,
323 SouthAvon Drive,
Milton, NY 10945,
(914) 555-2909.

Dear Mr. Richardson,

In my all previous positions I exceeded sales quotas and broken sales records. I have recently completed my MBA in marketing at California State University. I am an ideal candidate for the post of regional sales manager at Hilton Resorts in US and Mexico

At the Disney Vacation club I developed my sales skills also trained new sales representative. There I invented new ways to increase the club memberships. For the entire operation, my teams review was more than double.

I am convinced that I can help the vacation club industry which is a dynamic and growing industry, to establish dominant position in the industry and to grow its reputation.

I will contact you in coming week so that we can arrange the interview where we will discuss about the position. Please feel free to call me at 981-101-1546 for any doubts you are having for me.

Thank you for your time and consideration.

Sincerely,

Thomas K Eden

Enclosure Resume

एक HR के पोस्ट के लिए आवेदन हेतु कवर लैटर कुछ ऐसा होता है

Bruce Wayne,
32 S Riverview,
14 Three Elms field,
Garby Stourling, GN
(314) 555-5286.
Date: June 10, 2009.
Clark Kent.
HR Manager, XYZ, Inc.,
4 Tiverton Lane,
London SW,
(512) 555-3909.

Dear Mr, Kent, I am pleased to present my resume to you for the position of Human Resource Manager, in response to your ad in the Chicago Tribune. I believe my broad-based HR knowledge and being a dedicated person make me a qualified candidate for the position.

I hold the MBA degree in Human Resource as well as in Marketing-after completing my MBA, I worked as an HR executive at Countersys.

I have work experience of total seven years at Conversys. Throughout my seven years career I have helped my company recruiting more than 5000 employees. I have also been the part of the event organization committee for the employees and also worked as assigning projects to the employees.

My enclosed resume provides you details of my Accomplishments and skills- I am positive that a personal interview would more accurately reveal my qualifications and the contribution I can make towards the future success of your organization- Thank you for your time and consideration. Please feel free to contact me if you have any question.

Sincerely,

Bruce Wayne.

Enclosure : Resume.

एक जनरल कवर लेटर कुछ इस प्रकार का होता है

(Hard copy: sender address and contact info at top. Your Address and the date can be left-justified, or centered.)

Your Street Address

City, State Zip Code

Telephone Number

E&mail Address

Month, Day, Year

Mr. Ms. Dr. First Name Last Name

Title

Name of Organization

Street or P. O. BoxAddress

City, State Zip Code

Dear Mr. Ms. Dr. Last Name:

Opening paragraph: State why you are writing; how you learned of the organization or position, and basic information about yourself.

2nd paragraph: Tell why you are interested in the employer or type of work the employer does (Simply stating that you are interested does not tell why, and can sound like a form letter). Demonstrate that you know enough about the employer or position to relate your background to the employer or position. Mention specific qualifications which make you a good fit for the employer's needs. (Focus on what you can do for the employer, not what the employer can do for you.) This is an opportunity to explain in more detail relevant items in your resume. Refer to the fact that your resume is enclosed. Mention other enclosures if such are required to apply for a position.

3rd paragraph: Indicate that you would like the opportunity to interview for a position or to talk with the employer to learn more about their opportunities or hiring plans. State what you will do to follow up, such as telephone the employer within two weeks. If you will be in the employer's location and could offer to schedule a visit, indicate when. State that you would be glad to provide the employer with any additional information needed. Thank the employer for here his consideration.

Sincerely,

(Your handwritten signature [on hard copy])

Your name typed

(In case of e-mail] your full contact info appears below your printed name [instead of at the top as for hard copy] and of course there is no handwritten signature)

Enclosure (s) (refers to resume] etc.)

(Note: the contents of your letter might best be arranged into four paragraphs. Consider what you need to say and use good writing style.

अन्त में....

हम आशा करते हैं कि प्रस्तुत पुस्तक में आपकी करियर के चयन संबंधी सम्पूर्ण जिज्ञासाओं का समाधान हो गया होगा। अपनी अन्य जिज्ञासाओं के समाधान हेतु आप हमारे यहाँ से प्रकाशित कोई दूसरी पुस्तक लेकर अपने ज्ञान में वृद्धि कर सकते हैं।

9 789350 576281

Printed by Libri Plureos GmbH in Hamburg, Germany